虐待児童を救い続ける
アメリカ最大の民間組織に
日本が学べること

チャイルドヘルプと歩んで

Unforgettable days with Childhelp

廣川まさき

集英社

チャイルドヘルプと歩んで

虐待児童を救い続ける
アメリカ最大の民間組織に
日本が学べること

カバー写真｜Yuliya Evstratenko/Shutterstock.com
表紙写真｜Bachkova Natalia/Shutterstock.com
装丁｜アルビレオ

チャイルドヘルプは、60年以上活動を続けるアメリカ最大の児童救済組織である。
年間８０００人を超える被虐待児童を救出し、治療と養護、そして啓蒙を行っている。
チャイルドヘルプを支えているのは官ではなく、民の力である。

contents

第2章 ホットライン

第3章 サラとイヴォンヌ

序章
フォレンジック・インタビュー

その子の記憶が汚れる前に

怒鳴られ、殴られ、腹を蹴られる。
まともに食べさせてもらえず、空腹に耐え、眠りにつく。
まどろみを侵(おか)され、性器を触られ、辱(はずかし)めを受ける。

どこにも安全な居場所がない。
誰にも愛してもらえない。

出口がいっさい見えない、
真っ黒な絶望と孤独……。

そんな状況に耐えている子供の苦しみを、あなたは想像したことがあるだろうか。

序章

フォレンジック・インタビュー

＊

かつて、親の虐待により死んだ子供は死因を立証できずに「不審死」として闇に葬られた。

もし運よく保護されたとしても、多くの場合、虐待の事実を法的に裁けず、加害者は野放しだった。

虐待は「家庭」という名の密室で行われる。そのため、目撃者が限られる。となれば被害者本人の証言が頼りだが、裁判では被害者が「幼い」という理由で、証言の価値はきわめて低く見られた。

言葉のおぼつかない子供には、自分に起こった出来事を正確に伝えることはむずかしい。

そのうえ、裁判にたどり着く前に、子供はたくさんの大人に話しかけられ、何度となく事情を聞かれる。学校の先生、児童保護に携わる福祉職員、警察官、医師、看護師……。

そのうちに、子供の記憶の内容は変化し、あいまいになっていく。

これを「記憶の汚染」という。


悪気はないかもしれない。その子を助けたいと願い、懸命に話を引き出そうとしたのかもしれない。

しかし、そのとき大人が無自覚に誘導的な質問をしたり、暗示的な言葉を使ったりすることが問題なのだ。

それは子供の記憶を容易に汚染し、証言の信憑性を著しく損なう。


児童虐待事件が起こり、ひどい親だと、逮捕のニュースを見て誰もが思う。

しかししばらくすると、虐待者に無罪判決というニュースが流れる。

世間は、そんな、ありえない、不当だと憤る。

でも弱いのだ。子供の証言に力がないのだ。


この「記憶の汚染」は、アメリカでも日本でも、児童虐待事件を法的解決に導くうえで、長い間、問題になっていた。

それに、傷ついた子供にたくさんの大人が次々と話しかければ、その子はさらなるPTSD（心的外傷後ストレス障害　Post Traumatic Stress Disorder）に陥る。

連れまわされ、調書を取られるたびに虐待の体験がよみがえり、それが心の傷を深める。次のトラウマを招くのだ。


では、どうすればいい？


「フォレンジック・インタビュー（Forensic Interview）」は、そのような反省をもとに今から20余年前に開発された。

子供の証言の法的効力を確保しつつ、できるだけ二次的なトラウマを与えない、特殊な面接技法である。

現在、先進諸国では、フォレンジック・インタビューは専門職の「フォレンジック・インタビュアー」によって行われている。

1980年代、イギリスやアメリカでも、児童虐待事件では不当判決が相次いだ。

その頃の被虐待児童への聞き取りは、心理学者や精神科医による「臨床面接（クリニカル・インタビュー）」だった。

が、それは法廷の場でほとんど信用されなかった。やはり面接者による過度な表現、暗示的な方法があるのではという疑念が払拭されなかったからである。

そこで1990年代に入り、「法的効力」を持つ、「客観性を確保」した面接技法の開発がイギリスで進められ、それを追うかたちで、アメリカやオーストラリアなどでも、積極的に研究がなされた。

「児童の権利に関する条約」（1989年第44回国連総会において採択）による、児童福祉についての国際的な意識転換（パラダイムシフト）という追い風もあった。

フォレンジック・インタビューは、保護された子供に対して原則、一度だけ行われる。その1回で、客観性の確保された、（記憶の汚染が起こる前の）純粋な証言を取る。インタビュアーは注意深い言葉の運用によって、相手が幼くても、あるいは知的障害があっても、司法の場で証拠として認められる、確たる証言を引き出すのだ。

序章
フォレンジック・インタビュー

日本語で、フォレンジック・インタビューに対する訳語としては「(子供などの社会的弱者への)司法面接」があたるだろう。

日本では、2010年代からフォレンジック・インタビューが取り入れられているが、まだまだアメリカのそれとは異なっている。

日本へのフォレンジック・インタビュー導入と普及を訴えてきた立命館大学の仲真紀子教授によると、もちろん日本でも多くの専門家がフォレンジック・インタビューのスキルを習得して実践しており、現在国内では年間1600件以上の司法面接が、警察、検察および児童相談所の連携によって行われている。これを「協同面接」「代表者聴取」という。

3機関が聞きたい内容を事前に協議してまとめ、保護からおおむね1週間以内に代表者1人が児童に面接する。

ということは、面接者は警察か検察か児童相談所のうちの誰かである。アメリカのように専門職のフォレンジック・インタビュアーが保護直後に行うものではない。

そしてこの協同面接、代表者聴取は、関係機関ごとに異なる命名がなされ、まだ共通の名前がない。

そこで本書は、フォレンジック・インタビューとフォレンジック・インタビュアーは、片仮名のまま書いていくことにする。

＊

２０１９年、12月。

アメリカ合衆国、アリゾナ州、フェニックス市。

全米で理想のモデルだと言われる、虐待児童救済に長年の実績がある都市。

そこには活動の最前線に立つ、民間の救済組織の本部が置かれている。

私は頼みこんで、そこで実際のフォレンジック・インタビューを受けさせてもらうことにした。

本来それは被害者の権利とプライバシーを守るため、密室で行われる。

録画などの可視化は行われるが、透明性を確保するためで、録画の内容を一般の人が目にしたり耳にしたりすることは、いっさいない。

序章
フォレンジック・インタビュー

だからこれは、事前に想定した被虐待児童を私が演じる「模擬インタビュー」だ。

それでも。模擬だろうが架空だろうが、一般の目に決して触れることがないこのインタビューに、とにかく私は実際に触れてみたかった。それがどんなものなのか、身をもって知りたかったのだ。


日本でも数多くの虐待事件が起こり、子供が死んでいる。

死ぬ前に救えなかったのか。なぜ救えなかったのか。学校が悪い。児相が悪い。警察が悪い。

いつも同じ議論が湧き起こる。


誰が悪いかよりも、どうすれば救えるかを考えたいと思った。

そんなとき、かつて訪れたアリゾナの児童救済モデルを思い出したのだ。いったい何が違うのだろうと素直に思った。

アメリカと日本。仕組みを調べていくうちに、まず入り口が違うことに気がついた。

子供が保護されるまでは同じである。

その直後にフォレンジック・インタビューがあるかないか、なのだ。

それがあることで子供がもっと救済されうる事実があるのならば、何をおいても日本の人々にもそれを知らせなくてはと思った。

そして、知らせるには、救えなかった子供の身になって伝えたいと思った。

誰でも一つや二つは覚えているだろう。日本で起きた、近年の悲惨な児童虐待事件の結末を。

思い出して、想像してほしいと思う。

もし、あの事件のあの子にアメリカと同じようなフォレンジック・インタビューがあったなら、その子と一家の運命はどう変わっただろうか、と。子供は殺される前に助け出され、加害者(親)は罪を償って更生できただろうか、と。

周囲はみな、家の中で何が起こっているか気づいていた。

でも、介入しなかった。できなかった。

はっきりと証拠を突きつけて、問題の解決に動くということが、できなかったのだ。

模擬フォレンジック・インタビューの想定は、こうだ。

被虐待女児「A子」6歳。


虐待者は継父。転職を繰り返し、失業に苛立ち、マリファナを常習している。

A子は、時々この継父から殴る蹴るといった暴行を受け、風呂場に引きずりこまれて、冷たいシャワーを浴びせられる。

「飯抜きだ！」と、食事を与えられないこともあり、栄養失調気味でやせている。

日常的な暴行痕が発見されないように、学校は常に病欠にさせられ、他人と接触をさせないよう、外で遊ぶことも禁止されている。

そしてその継父は、夜になると布団の中に入ってきてA子の身体を触り、少女の未発達の部分に、自分のモノを押し付けるといった行為に及ぶ。

母親もまた無職。夫の暴力の被害者でもあり、自分に夫の暴力が及ばないように、A子への虐待を黙認し、時にそれに加担する。

これは近年、日本で相次いだ暴行虐待死亡事件と、アメリカでよくある児童虐待事件とを組み合わせた設定である。

ある夜、A子はトイレで殴る蹴るの暴行を受けた後、あまりの恐怖に家を飛び出した。行く当てもなく、みるみる腫れあがる顔を手で押さえ、ヒック、ヒックとしゃくり上げ、泣きながら夜道を歩く。

そこへ巡回中の警察官が通りかかり、A子は保護された。そしてA子の様子を見た警察官により、すぐにフォレンジック・インタビュアーのもとへと連れてこられた。

フォレンジック・インタビューを担当するのは、フェニックス市にある全米最大の民間児童救済機関「チャイルドヘルプ」の運営する「チルドレンズ・アドヴォカシー・センター」に専属のフォレンジック・インタビュアー、ジェニファー・インガルスだ。

ジェニファーは40代。赤毛に染めたショートボブの髪がサラサラと流れ、黒縁の眼鏡の奥に、ヘーゼルの瞳がキラリと輝く。大学と大学院で心理学を学び、その後、政府の児童局（デパートメント・オブ・チャイルド・サービシズ）（DCS=日本でいうところの児童相談所）で児童保護員（ケースワーカー）として働いていたという。

序章
フォレンジック・インタビュー

アメリカは州により公的児童保護機関の名称が異なる。本書ではわかりやすく「児童局」と総称する。

児童局で保護した子供に行われるフォレンジック・インタビューを、職員だったジェニファーは幾度となく別室にあるモニター越しに見た。その体験は彼女の目を開かせ、後に自分も研鑽を積んでフォレンジック・インタビュアーに転身を果たすほどの影響を与えた。

ジェニファーは、フォレンジック・インタビュー専用の個室に私を通した。

このような面接室はこのセンターにあと2つあり、別のモニター室で各部屋の面接を同時にモニタリングしたり、録画したりすることができるという。

部屋に足を踏み入れた。

広さは4畳半に満たず、空気の対流が感じられなかった。

四方に窓はなく、代わりに防音板が取りつけられていた。

壁は落ち着いたベージュ色。照明は優しくぼんやりと照度を落としてあった。

完全な密室である。

天井には、モニター室につながる小型カメラのレンズが小さく光っている。

テーブルはなく、椅子2つが向かい合わせに置かれている。

その横の壁には、さりげなく、小さな穴が無数に開いた集音機がセットされている。息苦しかった。

しかし保護された子供の多くは、どの部屋よりも、この部屋が落ち着くと言うのだそうだ。

彼らは暴力から逃れて、暗く狭いクローゼットの中に隠れたり、ベッドの下に潜りこんだりしていた。むしろ「窓が怖い」「外の明るさが恐ろしい」のだと言う。

面接用の2つの椅子は、ひとつはパイプ椅子。もうひとつは柔らかなクッションのソファだった。

ジェニファーは、自身の定位置というように、パイプ椅子のほうにすっと座った。

私はソファに腰を下ろす。それは柔らかすぎて……身体が沈んだ。

「さて、少し確認したいのだけれど」

と、ジェニファーは、私の顔を見つめて尋ねた。

序章

フォレンジック・インタビュー

「日本では、性的虐待のことを話すのは、タブーですか？」

私はちょっと考え、「イエス」と答えた。

日本では、大人でも性被害に口を閉ざす人は多い。

そのタブーを、これからA子は話さなくてはならないのだろうか。


A子は6歳である。

その年齢では、まだ女性の部分や性的行為を知らないのではないか。

ジェニファーに尋ねると、即座に聞き返された。

「女性の部分？　男性の部分？」

私は言った。

「女性の部分です」

「自分の部分ってこと？」

「そうです。A子の自分の部分です」

ジェニファーは、しばらく考えていた。

「……それは、家族の中に誰がいるかで違うわね。兄弟姉妹がいれば自然に目に入っているだろうし、それに子供は自分のプライベートな部分を触っているものよ」

子供の頃を思い出してみると、姉妹の妹として育った私は、はじめて男の子の小さな象さんの鼻を目にしたのは、保育所に預けられていたときだったように思う。

なぜ男の子たちには象さんの鼻が付いていて、自分には付いていないのだろう？　と不思議に思っていたし、象さんの鼻を指でつまんで持ち上げると、その下には自分と同じものが付いていると思っていた。

その象さんの鼻の下には袋がぶら下がっていて、そこが閉じていることを知ったのはずいぶんと後のことである。小学校に上がった頃だろうか、親戚の赤ん坊のオムツ交換を見たときだろう。

ジェニファーは、腰を曲げてコーヒーの入ったタンブラーを床に置くと深く座り直した。

「問題なのはね、親がそんなところを触ってはダメとか、悪い子とか言ってしまうことです」

「そうなのですか」

「そうよ」と、ジェニファーは続ける。

「大抵の親は、子供がペニスや膣という言葉を使うことをとても嫌う。もし子供が、『男の人が私の膣を触った！』と言ったらどうでしょう？　親は卒倒して、そのことを誰にも話してはいけませんよと口止めしてしまうでしょう」

「でもね」と、ジェニファーは語気を強めた。

「子供でもその言葉を知っていて、その部分の話をしてもいいのです。なぜなら、子供たちが正しい言語スキルを持って、何があったのかをきちんと説明できることが大切なのだから」

私たちは、Ａ子の想定をもう一度確認した。

Ａ子は小学校に上がったものの、登校も外遊びも禁止されている。言語能力やコミュニケーション能力は遅れているだろう。

もしかすると言葉を発することができない精神状態かもしれない。記憶喪失状態かもしれない。虐待の現実から逃れるために、多重人格障害を起こしているかもしれない。

「それでも」と、ジェニファーは言った。

「子供が話す内容には、必ず真実がある」

嘘も辻褄が合わないこともすべてひっくるめて、子供の純粋な真実の言葉なのだと。

そして、彼女はこう言った。

「悲しいのはね……虐待やネグレクト（育児放棄）に遭っても、子供はまだどこかで母親や父親を愛しているのね。それで時々、親のことを庇（かば）ってインタビューで嘘をつく子がいます。

でも私たちは、その嘘もすべて証言として取るのです。それもまた、真実を探る手がかりになるのだから」

ジェニファーは、A子の保護状況が書かれた文章を読み上げた。

「夜道を歩いているところを、巡回の警察官に保護されて、ここに連れてこられたという設定ね……」

そして、私の顔をチラリと見た。

私は、はっきり「イエス」と答えた。日本では、当てはまらないけれど。

日本では大抵、巡回の警察官が見つけた子供は、児童相談所の職員に引き渡される。初動でフォレンジック・インタビューを行うというような仕組みは、日本にはない。

でも、敢(あ)えてそれがあるという設定で進める。


もし、私たちが救えなかった日本の子供に、アリゾナがそうであるように保護から24時間以内の純粋な証言の聞き取りがあったなら。

一時保護をしたり、保護を解除するときも、ここアリゾナと同様に、立証された被害事実に基づく裁判官の判断が義務づけられていたなら。

その子の運命がどう変わったか、シミュレーションしたいのだ。


ジェニファーのインタビューは、子供に挨拶をするところから始まる。

保護された児童は、付き添いの刑事と一緒にチルドレンズ・アドヴォカシー・センターの中にあるプレイルームに行き、しばらく遊んだりして心を落ち着かせている。


その子にジェニファーは、こう声をかける。

「こんにちは、私はジェニファーよ。あなたと話すために来たの。これから部屋を片づけてくるから、少しここで待っていてね。片づいたら、あなたを迎えに来るからね」

本当は部屋を片づける必要などないけれど、先にそう告げてワンクッション置く。なぜなら、子供をインタビュー室へ通すと、すぐにも聞き取りが始まるからだ。

ジェニファーは、ふだんから研究熱心なのだろう、この模擬インタビューは自分にとってもいい経験になると、弾(はず)んだ声で言った。

「さて、あなたは、まだ性的な言葉を知らない6歳の女の子。私は、日本語を知らないインタビュアー。さあ、どんな感じになるのか、やってみましょう！　レッツゴー」

そう言って腰を上げながら、彼女は、私にニコリとほほえんだ。

「あなたを、まさき、と呼ぶわね！」

一瞬、息が止まった。

模擬インタビューの想定は、A子のはずだった。

A子を演じるから、目をおおいたくなるような暴力や性的虐待も、私には話せるだろうと思っていた。客観視もできると思っていた。

だが、自分の名前で呼ばれたら……。

胸のあたりにぎゅっと締めつけられるような痛みを覚え、頭が一瞬ぐらりとした。

「やめてほしい……」と思った。

それで、ようやく気づいた。

Ａ子を演じれば、結局、他人事ではないか。


この模擬インタビューを頼むために、はじめてジェニファーと会ったとき、彼女は私にこう言った。

「フォレンジック・インタビュアーとは、虐待から保護した直後の、とても生々しく傷ついていて、心が過敏になっている子供と向き合う仕事です。

だからこそ、私は全神経を集中させて、たった一度のチャンスで、彼らを救うための確実な証言を取らなければなりません」


ジェニファーはいつも、たった一度のチャンスに全身全霊で臨んでいる。

真剣勝負なのだ。

客観視は、モニター室にいる刑事や精神科医のやること。

事ここに及んで私は、我が身に起こったことを話そうとしている子供の、魂の痛みを感じなくてどうするというのか。

「まさき6歳」模擬インタビュー

ここからの6歳のまさきへのインタビューは、アメリカで法的に有効な証言の記録内容と同じである。

同時に、被虐待女児を演じた私の心の中も見つめていこう。

ジェニファーは、6歳のまさきをインタビュー室へと通す。

「さあ、まさき、あなたはこの大きくて心地よさそうなソファのほうに座ってね」

そう言うと、自身は簡素なパイプ椅子に腰かけた。

「まずは、家で何をしているか教えて」

ジェニファーの声は、子供を寝かしつけるような優しい囁き声だった。

とはいえ、単語は一つひとつ、聞き取りやすいようにゆっくり明確に発音している。

私は、子供らしい甘えた口調で言った。

「遊んでいるよ……」

「それから？」

「テレビを見ている」

「テレビを見ているのね。ＯＫ……。では、遊んでいるときのことをもっと教えて」

「遊んでいるとき？　ん〜、でも……寝たいよう」

寝たいと言ったのは、このインタビューにあまり乗り気ではないことを示す、私なりの幼い表現だった。

虐待から逃れて、ようやく一息つけたのだ。まずは安心して眠りたい。

しかし、その返事にジェニファーは変わらずソフトな囁き声で言った。

「寝たい？　寝たいのね。でも、何をして遊ぶのが好きかを教えてほしいの」

彼女のふだんの優しさが、問いかけにも自然な温かさを醸し出すのだろう。その声は心地がよかった。

「ん〜、紙を折るの。それと、お絵描き」

「では、お絵描きのことをもっと教えて。何を描くのが好きなの？」

「ん〜、ポテト」

「ポテトね、ＯＫ……ＯＫ……」

そう言いながらジェニファーは、ふふふと頬を膨らませて笑った。私も笑った。

「あなたの嫌いなことを教えて」

私は即座に言った。簡単だった。

「パパと一緒にいるのが、嫌い！」

ジェニファーは、「ＯＫ……」とうなずいた。

が、すぐに「あ、やっぱり待って」と、インタビューの進行を止めた。

「まだ父親のことは言わないで。早すぎるわ。なぜなら、実際のインタビューのように自然の流れでいきたいから。父親のことは、まだ待ってください。あなたとは、ガイドライン通りに進めたいのです。そのほうが、あなたの学びになるから」

そして仕切り直す。

ジェニファーは、腰かけていた腰の位置を変えた。

序章
フォレンジック・インタビュー

「あなたの嫌いなことを教えて」

「嫌いなこと？　朝起きるのが嫌い」

「朝起きるのが嫌いなのね。ＯＫ……」

「今、あなたは何歳？」

「6歳」

「では、6歳の誕生日のことを、全部教えて」

「？」と、頭の中にクエスチョンマークが浮かんだ。なぜ、全部と言ったのだろう？　首を傾げた。

「あなたの誕生日は、何をしたの？」

「私の誕生日？」

「そうよ。あなたが6歳になったときよ」

「誕生日？　わからない……」。まさきは誕生日を祝ってもらっていない想定である。

「家には、あなたと一緒に誰が住んでいるの？」

「ママと……パパ」

「他には？」

「赤ちゃん」

「OK……ではね、学校のことを教えて」

「学校は好き！」。満面の笑みを見せた。

「学校のどこが好きか教えて？」

「給食が好き！」。家では、あまり食べさせてもらえないという想定である。

「では、学校では何をしているかを教えて」

「友達と遊んでいるよ」

「友達と、どんなことをしているの？」

「ただ遊んでいる」

「今、何年生？」

「1年生」

「入学したその日は、何をしていたの？」

「ママが、学校に連れてきただけだよ」

「それで、どうしたの？」

「歌ったよ」。みんなで歌う時間だった。

「入学した日、どんなことを見たかを教えて」

「お花を見た」。外の桜の木。

序章
フォレンジック・インタビュー

これは、私自身の記憶だった。私が育った地域では、桜は卒業の季節ではなく、入学の季節の花だ。

ふと、母のことも思い出した。

私の手を引いて、小学校の門の前に咲く桜の木の下で記念撮影をした、遠い記憶。

「入学した日、どんなことを感じたの？」

その言葉で、私は自分の母の記憶を打ち消した。まさき6歳の母親は、そのような母親ではない。自分勝手で、愛してくれない母親だ。

「気に入ったよ」

まさき6歳の家庭は恐ろしく、寂しい場所であるが、学校には同い年のクラスメイトがいる。それは、まさきの唯一の喜びだ。

「OK……では、次の日は何をしたの？」

「給食を食べた」

「それから？」

「勉強」

「何を勉強したの？」

「国語。本を読んだの」

「本を読んだのね。ＯＫ……では、入学した日に好きだったことは何？」

「給食」

「なぜ、そんなに給食が好きなのか教えて」

「だって、学校のご飯はおいしいんだもの」

再び笑みを見せた。まさきはいつもお腹が空いているから、きっと身体の底から給食をおいしいと感じているだろう。

「最初の日の給食は、何を食べたの？」

「ご飯。白いご飯が好き！」

「ご飯が好きなのね。ＯＫ……」

「家には、誰がいるのかを教えて」

「ママ、パパ、赤ちゃん」

ジェニファーは座っている腰の位置を再び変え、注意を促すように、より明確な口調で言った。

「さっき挨拶をしたとき、あなたと話すために来たと言ったでしょう？　私の名前はジェニファーよ。男の子や女の子に、何が起こったのかを聞くために来たの。男の子と女の子では、少し質問が違ってくるの。だから最初に聞くわね。性別は何？　なんて答える？」

「性別……？」

性別なんてむずかしい言葉、知らない。ジェニファーが使った英語の単語は「ジェンダー」だった。どの程度の語彙力があるのかを試したようだった。

「では……男の子と女の子、あなたは、なんて言うの？」

「女の子だよ」

「次に、またあなたが知らないかもしれない質問をするわね。知らなかったら、知らないって言ってね。想像で言ってほしくないの」

うん、と返事をした。

「もし私が、こう言ったらどうする？　まさき、私が飼っている犬の名前は何？　どう答える？」

「意味がわかんない」

「では、言い方を変えるわね。私の犬の名前は、何？」

「知らない」

「そう。それが正しいわ。なぜなら、私はあなたに言っていないからよ」

「もう一度質問させてね。犬は飼っているの？　なんて言う？」

「犬は飼っていない」

「OK……」。ジェニファーは静かにうなずいた。

再び座り直し、落ち着いた声でジェニファーが言った。

「あとね、あなたも私に質問ができるのよ。もしも私が、あなたが言っていることを間違って受けとめてしまっていたら、こう言ってね、ストップ、ジェン（ジェニファーの愛称）、あなたは間違っているわ。そして、正しいことを教えてほしいの。では練習よ」

ジェニファーは、ふっと息を整えて言った。

「まさき、他の人から聞いたのだけど、あなたは10歳なんだってね。なんて言う？」

「私、10歳じゃないわ」

「では、何歳なの？」

「6歳」

「OK……これから、同じ質問を何回か繰り返すことがあるけど、それは、あなたが間違っているんじゃなくて、ただ私が忘れているだけだから、気にしないでね」

うん、とうなずいた。

「これからあなたに質問することは、私も答えを知らないことなの。だから、本当に何が起きたのかを、そのまま教えてほしいの。本当のことを話してくれるって、約束してくれる？」

「約束？　いいよ」

「では、あなたがなぜここに来たかを教えてくれる？」

「家に帰りたくないから」

「そのことについて教えて」

「パパが怖いの……」

「パパが怖いのね、OK……。もっと教えて」

「うん……パパが殴る……」

「殴る……。OK……」

「キックもする」

「キックもするのね。それから？」

「お腹がまだ痛いの……」

「お腹が痛くなったときのこと、最初から、話して」。今度は「最初から」と言う。不思議に思った。

「パパが怒ってた。わからないけど、パパはいつも私に怒っているの」

「パパがいつも怒っているのね。それは、いつから始まったの？」

私は言葉に詰まってしまい。黙りこんだ。ジェニファーが聞き直す。

「お腹が痛くなったって言ったでしょう？　どうして痛くなったの？」

「パパが蹴ったから」

「パパがあなたを蹴ったのね。それからどうなったの？」

「パパが怒鳴った」

「怒鳴ったのね。OK。それから？」

「宿題をしろ！　って言ったの」

「それから？」

「でも、いつもちゃんと宿題をしているの。お勉強もちゃんとしている」

「あなたは、いつも宿題をしているのね」

うん、とうなずく。

「パパがあなたに怒って、あなたを蹴ったって言ったわね。そのとき、どこにいたの？」

「トイレ。パパがトイレに連れていった」

「そのときのことを最初から教えて？」

「宿題をしていたけど、宿題をするのが遅いからって、パパが怒ったの」

「それから？」

「私のことをつかんだ」

「それから？」

「私をトイレに連れていって、パパがキックした」

「それからどうしたの？」

「キックをして殴ったの。泣いてた。そしたら、パパがいい子になりなさいって言った」

「それから？」

「ママが来た」

「それから？」

「ママも、もっといい子になりなさいって言うの。だから、もっといい子にならなければいけないの」

「OK……。パパは怒って、宿題をするように言って、遅いから怒ってトイレに連れていったのよね。パパはどこをつかんだの？」

「こんなふうにつかんだ……」。自分の襟元を握って見せる。

「トイレに連れていかれたのよね。トイレで最初に何が起こったの?」

「突然キックした」

「パパのキックについて、全部教えて」、今度は「全部」と言う。なぜだろう?

「膝のところを蹴られた」

「膝のところ。他には?」

「背中。それに、パパは、時々、私をお風呂場に連れていって、冷たい水をかけるの」

突然思い出したように、場面をトイレから風呂場へと変えた私に、ジェニファーは冷静に言った。

「まさき、ちょっと、あなたの言っていることに混乱しているわ。少し整理をさせてね。あなたは、お風呂場のことを話したいのね。でも今は、お風呂場のことではなくて、トイレでのことを話してね」

うん、とうなずく。

「パパが、トイレに連れてきて膝のあたりを蹴って、背中を蹴ったのよね。他にどこか蹴られた?」

「お腹」

「お腹ね。OK」

「膝を蹴られたとき、どう感じたの？」

「痛かった」

「お腹を蹴られたときは、どう感じたの？」

「痛かったよ」

「背中は？」

「痛かった」

「それから、どうなったの？」

「パパが、どこかに行った」

「そのとき、トイレの中で、あなたはどう感じたの？」

「大きな声で泣いてた。パパが何か言っていたけど、わからなかったの」

「そのとき、身体は、どんなふうに感じていたの？」

「痛かった」

「それからどうなったの？」

「夕ご飯が食べられなかった」

「それは、その日？」

うん、とうなずく。

「あなたがトイレにいたとき、ママはどうしていたの？」

「わからない。ママはいつも赤ちゃんと一緒だから」

「トイレで殴られたときは、どこを殴られたの？」

「どこ？」

「あなたは蹴られて、手でも殴られたって言ったでしょう？　身体のどこを殴られたの？」

「わかんない……」。怖くて耐えているのが精いっぱいで、手なのか足なのかわからない。


「あなたの顔に、痣があるのが見えるのだけど、それはどうしたの？」

「わかんない……。パパがとても怒っていたの」

「トイレで殴られたとき、パパは何を使ったの？」

「手」

「手で何をしたの？」

「つかんで殴ったの」

「そのときどう思ったの？」

「悲しかった。でも、どうしてそんなに怒っているかわからなかった」

「パパが殴ったとき、身体のどこが痛かったの？」

「うずくまっていたから、わからない……」。記憶を引き出すのが苦痛になってきて、わからないと繰り返した。

「どうやって、トイレから出たの？」

「自分で出たよ」

「その後、どこに行ったの？」

「自分の部屋」

「それからどうなったの？」

「泣いてた。ベッドの中でずっと」

「それから？」

「夕ご飯のテーブルに行けなかった」

「テーブルに行ったら、何があるの？」

「ご飯。でも、食べられなかった」

「その日は食べられなかったのね。ＯＫ」

うん、とうなずき、うつむく。

「ＯＫ、トイレにいたとき、あなたは何か言った？」

「何も言ってない。怖かったから」

「そのとき、蹴られたお腹はどんなふうに見えた？」

「お腹を見ていないよ」

「ただ痛かったのね。服をめくってお腹を見ていないのね？」

うん、とうなずく。

「あなたは、ママが家にいたって言ったわね。パパは、あなたにいい子になりなさいって言ったのよね。パパが言ったことを全部教えて」

「パパは、いつも、私をいい子にしようとするの」

「その日は、何て言ったの？」

「宿題をしろって。でも、もうやっていたの」

「ママは家にいて、そのとき、何て言ったの？」

「何も言ってないよ」

「その後、どうなったの？」

「お腹が空いていたけど、ベッドに入って寝たの」

「朝起きたとき、どう感じたの？」

「疲れていて、とても悲しくて、学校に行きたかったけど、パパとママが行ってはいけないって言った」

「パパとママが、学校に行っちゃダメって言ったときのことを、全部教えて」

「たぶん、顔が腫れていたから、行っちゃダメって言ったんだと思う」

「朝、顔が腫れていたの？」

うん、とうなずく。

「ＯＫ……。その出来事は、1回？　それとも1回以上？」

「1回だけじゃない」

ジェニファーは、少し考えていた。

「では、パパがひどいことをするとき、あなたが一番明確に覚えていることは何？」

「覚えてない……」。つらいことは思い出したくない。拒絶反応だった。

「さっき、あなたはシャワーのことを言ったわね」

「時々、パパはシャワーで冷たい水をかけるの。長い時間」

「パパが、あなたに冷たい水をかけたときのことを教えて」

「私が泣いていたから、パパは水をかけたの」

「それから？」

「とても寒くて震えていた」

「それから？」

「寒すぎて、お風呂場から出られなかったの」

「お風呂場には、どうやって行ったの？」

「パパが、私をつかんで引きずっていった」

「どうやって、お風呂場から出たの？」

「ママが来て、タオルをかけてくれた。服も着せ替えてくれた」

「パパがシャワーで冷たい水をかけたとき、パパはどうしていたの？」

「私のことを押さえつけて、ずっと水をかけ続けていた」

「冷たいシャワーの下で、どう思ったの？」

「嫌だった。とても冷たかった」

「パパが押さえつけていたとき、他に何かあった？」

「逃げようとしたから、ぎゅっと押さえつけられた」

「そのとき、ママは何をしていたの？」

「知らない。たぶん、赤ちゃんと一緒」

ジェニファーは再び考える。

「では、パパの服はどうだった?」

「Tシャツ」

「他は?」

「ズボン」

「そのとき、あなたの服は?」

「服着ていたよ」

「シャワーをかけられたとき、どう思ったの?」

「パパは、私にいい子になってほしいの。だから、私もいい子にならなくちゃいけないの」

まさき6歳は、すべては自分が悪い子だから、殴られるのだと思っている。自分がいい子にさえなれば、すべてが解決する。継父からそう言い聞かされているのだ。

「パパと一緒にいるのが嫌って言ったでしょう? そのことを教えて」

「パパが怖いから家にいたくない。外に遊びに行きたいけど、パパもママも外に出ちゃダメって言うの」

「OK、それから?」

「それに、パパが、ママを殴るの。怖いから嫌なの。見たくない。ママはいつも泣いている」

「そのときの明確に覚えていることを教えて」

「わかんない。パパはいつも怒っている」

「他にパパが、あなたを苦しめていることがあったら、教えて」

どっと、重い荷を背負わされたような疲労を感じた。

黙りこんだ。

言葉が喉元で詰まっていた。

その言葉を口にすることに心が抵抗した。

言葉を絞り出した。声が小さくなった。

「……夜中にパパが私の布団に来て、ごめんねって言うの。でも、いい子になれるよって言うの……」

ジェニファーの声は、さらに小さく優しい囁き声になった。

「それから?」

「パパが、ベッドに入ってくるの……」

「それから?」

「いつもパパとは寝ないけど、パパが一緒に寝たいって言うの。でも、それは怖いの……」

「パパが夜中に来て、ベッドの中に入ってくるのね。それから?」

「怖いから、静かにしているの。また怒ったら嫌だから」

「OK、それからどうなったの?」

黙りこんだ。

もしも、そこに台本があったならば、壁に投げつけていたかもしれない。

言い知れぬ怒りがこみ上げていた。

再び言葉を絞り出した。

「パパが触った……」

ジェニファーが囁く。

「ＯＫ……パパが触ったこと、全部教えて」

「パパが触ってくるの、好きじゃない……。怖い……」

「そのとき、パパは、身体のどこを触るの？」

「お腹」

「他には？」

「お尻」

「他には？」

私は、再びうつむいて黙りこんだ。

まるで、汚水でも無理やり飲ませられるような気分だった。


「……パンツ」

ジェニファーの声が、耳に入ってくる。

「それから？」

小さな声で言う。

「とても怖かったの。パパは、触ろうとしてきた。パンツの中……」

「そのときのことを教えて」

「パパがどうしたいのか、わからなかったの……」

ジェニファーは冷静な声で、これまでの話を簡単に繰り返した。

「パパがベッドに入ってきて、お腹、お尻、パンツを触ったのね。それからどうなったの？」

「ここ、触った……」。ここだよとばかりに、下半身を手でポンとした。

「そのとき、身体はどう感じたの？」

「嫌だった……」

「どう嫌だったか、すべて教えて」

「だって……ママはそんなことしないもん……」

ジェニファーは、優しく柔らかな声で言った。

「パパがパンツの下を触ったとき、どう思ったの？」

私は、また黙りこんだ。

ああ……。もう嫌だ……。

答えたくない……なんと言えばいいの……わからない……。

痛いの？　6歳でもキモチがいいの？　キモチが悪いの？　どんなふうに思うの？
子供の身体が触られるって、どういうことなの？
頭が混乱した。

言葉を絞り出すしかない。

「嫌だった……」

ジェニファーは、ゆっくりと明確に発音した。
「それで……パパは、パンツの中の、どの部分を、触ったの？　教えて」
口が乾いて、唾（つば）をゴクリと飲みこんだ。
目線を落とさずにはいられなかった。
頭を壁に打ちつけてしまいたいほどに、気持ちが悪い。
私は黙り続けていた。
密室の静寂が、灰色の煙のように漂っていた。

チラリと上目遣いに見上げて、再びゴクリと唾を飲みこんだ。

ジェニファーはじっと動かず、こちらを正視している。

言葉を、待っているようだった。

私は苦しみながら言った。

「ど、の、部分……パ、パン、ツの中……」

吃音になった。

ジェニファーが再び尋ねる。

「その部分は、なんて言うの？」

言葉を口から出すことが、こんなにも苦しいなんて……。

「知らない……」

まさき6歳は、その部分の名称など知らない。私自身も6歳の頃、知らなかった。

ジェニファーは、再び囁く。

「ママは、その部分を何て呼んでいるの？」

「わからない。ピーって、言っていた、かな……」。英語の幼児語で、おしっこを意味する。

「パパがあなたのピーを触ったとき、ピーはどんな感じだったの？」

唾を飲んで、声を絞り出した。

「とても痛かった……」

「痛かったとき、パパはどうしていたの？」

「……知らない。ただ触っていた」

「その部分についてもっと話して？　その部分は、どんな感じだったの？」

もう耳を塞ぎたくなった。そんな質問はやめて……。私は、再び逃げた。

「知らない」

「……ＯＫ」。ジェニファーは、そう言うだけだった。

ジェニファーは、間を置くと再び繰り返した。まるで、ここが肝心なのよと言わんばかりに。

「パパが、あなたのピーを触ったとき、痛かったのね。それから何が起こったの？」

再び私は逃げた。

言わなければならないことはわかっているけれど、言えない……。

話の内容をずらそうとした。

「パパが言ったの。いい子になれるよって。だから、いい子にならなきゃいけないの……」

少し考えるように間を置き、ジェニファーは質問を切り替えた。

「そのとき、ママは何をしていたの?」

「知らない……。いつも赤ちゃんといるから」

「パパは、そのとき、話すとか、話しちゃダメ、ということを言った?」

「パパはいつも、このことは話しちゃダメって言う」

これは大切なポイントだ。口止めされているということを、ちゃんと話した。

「OK……部屋はどうだったの?」

「暗かった。だからあまり見えないの」

「この出来事は、何年生のとき?」

「1年生」

「1年生のときの先生は誰?」

「……名前忘れちゃった。学校に行ったのは、ちょっとだけだから」

「学校は少しだけだったのね。ＯＫ」

ジェニファーは、再び間を置いた。私も呼吸を整えた。

「この出来事は、1回、それとも1回以上？」

「1回以上」

「では……最初のときのことを教えて」

「夜中にパパが部屋に来て、一緒に寝たいって言ったの」

「それから？」

「そのときは、パパのことが好きだったの」。このときは継父をまだ怖くはなかった。

「パパが夜中に来て、一緒に寝たいって言ったのね。それで、最初に何が起こったの？」

「寝ている私に触った。でも、よくわからなかったの」

「そのとき、パパが触ったことについて、もっと教えて。寝ているところにパパが来て、触って、どう感じたの？」

ああ……またこの質問だ……。

「嫌だったけど、パパがそうしたいんだと思った」

「触ったのは、身体のどこの部分？」

「下腹……」。ここから先は、言いたくない。

「下腹を触られたとき、どう思ったの？」

「わかんないけど、パパが触りたいんだって思った」

「それから、他にパパが触ったところはある？」

「最初は下腹で、次にパンツ……」

「それで、パンツを触られて、どう感じたの？」。この質問が一番嫌いだ。

「パパが、そうしたいんだって思った」

「パパがそうしたいって、どうしてわかったの？」

「わかんない」

「パンツが触られていることを感じたの？」

うん、とうなずく。

「パンツを触られているとき、どう感じたの？」

またやってきた。この質問……。

「そのときは、パパが触りたいなら我慢しようと思ったの。最初の頃は、パパが好きだったから。今は嫌い。今は怒って殴るから嫌い……」

再婚したての頃の継父は、まさき6歳にとても優しく、本当のパパのように大好きだったと考えてみた。

小さい子供にとっては、新しいパパができることは、嬉しいことだったに違いない。

ところが、その気持ちは裏切られた。

子供には、大人の事情などわからない。

私は頭を抱えた。

わからない……わからない……。わからないよ……。

投げ出したくなった。

本当に6歳なら、泣きだして、大暴れして、部屋を飛び出したかもしれない。

「疲れた……もう勘弁して……ギブアップ……」

私は、ジェニファーの囁き声をよく聞くために前かがみにしていた上半身を、ドンと後ろに倒し、ソファの柔らかい背もたれに身を委ねた。

ここまでで、50分のインタビューだった。

もっと早い段階で父親の性的虐待の場面を話すつもりだった。言う機会は何度もあった。けれど、心が逃げてしまった。

もしかすると、6歳というのは、性的行為の意味を知らないために、「パパがここに指を入れてきた」とか、「パパがおちんちんを、ここに押し付けてきた」と、無邪気に話すのかもしれない。

しかし、私にはブレーキがかかった。最後に大人の自分がどうしても出てきて、越えることができなかった。

「ジェニファーさん、私にはあなたに、性的虐待の部分をしっかりと伝えることができませんでした。自分の中に、恥じらう大人が出てきてしまいました。今のインタビューは、継父をしっかりと罰するための証言になりますか?」

ジェニファーは、緊張をほぐすように少し笑みを浮かべながら言った。

「でも、あなたは言いましたよ。パンツの中に手が入ったとき、嫌だった。痛かったと。それが大事な証言なのです」

そして続けた。

「証言は、できるだけ詳細でなければなりません。男の手が膣の中に入ったのか、膣の外だったのか、または指だったのか、ペニスだったのかということも、私は聞かなければならないのです。

しかしそれは、再び子供の心を傷つけてしまう行為となってしまいます。だからこそ、私が最後でなければなりません。

そのための、真剣な1回限りの面接なのです」

「サラ8歳」模擬インタビュー

私がギブアップしてしまった性的虐待の証言を聞き取る様子は、別の日に若手インタビュアーのサラ・フォードが、8歳の女の子役となって、模擬的に見せてくれた。

最近、彼らが実際に手がけた事案をもとに、ジェニファーがフォレンジック・インタビュアー、サラが被害児童役を演じた。

サラ（8歳の女の子を演じている）は、ソファに浅く腰を下ろすと、部屋の隅々を見渡した。

ジェニファーが、囁くような声で尋ねる。

「サラ、なぜ、あなたがここに来たか教えて」

「学校の先生が、私の身体の痣を見たから、先生に連れてこられた……」

「OK……そのことを、すべて最初から教えて」

「学校から帰ってきて宿題をしていたら、パパが帰ってきて、いきなり私を吹き飛ぶくらいに叩いたの。怒鳴って、引きずって、何度も背中を叩いた」

「そのとき、家には誰がいたの？」

「パパと私だけ。ママは働きに行っていて、赤ちゃんの弟は、託児所に預けられてた」

「それからどうしたの？」

「ママが帰ってきたけど、心配させたくないから言わなかった。でも夜に悲しくなって、泣いてた」

「それから？」

「そしたら、パパが部屋に来て、私の服を脱がせて痣を見て触ったの。でも、他のところも触った」

「それから？」

「パパは、大丈夫だよと言って、どこかに行ったわ」

「それから？」

「部屋で泣いていたらママが来て、なんで泣いているのって聞いてきたけど、言えなくて……そしたらママが抱きしめてくれた。その後はママと寝たの。でも眠れなくて、でも朝が来たから学校に行った」

「それから？」

「つかまれた腕とか、背中に手の痕(あと)のような痣があったのを、先生が見つけた」

ジェニファーは、今までの話を簡単に整理し、大切な言葉だけを繰り返して確認をした。

「ＯＫ……背中はどんな感じだったの？」

「黒くなっていた」

序章

フォレンジック・インタビュー

「パパの服は、どんなだった？」

「軍隊の服。でも寒かったから、上に、何か着ていた」

「パパが部屋に来て、服を脱がせて、痣を確認した後、何が起こったの？」

「服を脱がせて、下のパンツも脱がせた」

「それから？」

「背中を見て、他の部分も見たの。でもそのとき、ママが帰ってきた音がして、パパが、お前は外出禁止だ！　って言って出ていった」

「それからどうなったの？」

「ママが来て、私をハグして、このことは言ってはダメよと言ったの。そして、お菓子をくれた。言ってはいけない代わりに、お菓子をくれたの。ママは、とても優しいの」

「ママがお菓子をくれて、それでどうなったの？」

「夜になって、部屋で寝ていたら、パパが来て……ごめんねと言った。それで、また服を脱がせて、叩いた背中を見たの。そしたら、パパは、下も確認したいからパンツを脱いでって言った。パパが、パンツを脱がせた。痣とか、血が出てないかを見るって」

途中からサラの声が小さくなっていった。言いたくないような仕草をする。

「それから、どうなったの？」

「パパが……後ろを向いてって言ったの」

サラは声を絞り出すように言い、ソファに深く身を沈めた。彼女にとって、一番言いたくない部分のようだった。

「それで？」

「そしたら、パパが私の部分を触って、見た」

「パパが触ったときの様子を、すべて教えて」

「パパは、最初に撫でたの。ペットを撫でるように。それから、その部分を広げたの。そしたら、突然、そこが痛くなった」

「それから、どうなったの？」

「パパは、そこに指を入れて、なんかヘンなことを言ったわ。私は泣いたの。でもパパは、大丈夫だからって言うの」

「指が入ってきたのね。その指のことを教えて」。ジェニファーは明確な発音で言った。

「撫でたり、中に入れたり、動かしたりしていた」

「そのとき、どう感じたの？」

「痛いし……気持ち悪かった……」

「ＯＫ……その場所は、明確には、どこの部分？」

「下の部分。女の子のところ」

「それを何て呼ぶの？」

「それは、あなたが知っているでしょう？」。サラは口を尖らせ、少し怒った口調で、言いたくない態度をとった。

ジェニファーは優しく言う。

「男の子と女の子とでは、付いているものが違うでしょう？　それを何て呼ぶか、知っていたら教えて」

サラは、腰の位置をずるりと前に出し、浅く腰かけて、膝を抱えると、顔を歪ませて小さな声で言った。

「……膣」

ジェニファーは、静かにうなずいた。

「ＯＫ……膣に指が入ってきたのね。そして、パパがその指を動かしていた。それで、どうなったの？」

「パパは、ごめんね、でも大丈夫だよ、痛いことはしないよって言ったの。でも、やめなかった」

「それから、どうなったの？」

「しばらく動かして、それからやめて部屋を出ていった」

「そのときの、パパの服は？」

「パパは、バスケットのシャツを着ていた」

「膣を触られているとき、パパは、そのバスケットのシャツを、どうしていた？」

「着ていたよ」

「ＯＫ……パパが膣に指を入れて、なんだかヘンなことを言ったって、さっき言ったわね、何て言っていたの？」

「私のこと、可愛いって、柔らかいって言った。でも、いつもそんなこと言わない」


ジェニファーは、少し間を置いた。

「ＯＫ……ではね、口はどうだった？　パパの口は？」

「キスされた。顔じゅうに。気持ち悪い感じだった。臭かった。ママは時々、挨拶のように優しくキスをくれるけど、そんなのじゃない。パパはふだん、挨拶のキスもしないわ」

「臭かったの？　その臭いについて教えて」

「パパは、いつもお酒を飲んでいる」

「パパがお酒を飲んでいるときのことを教えて」

「パパは酔っぱらっていると、私の腕をつかんで、パパのモノに私の手を押し付けるの。触れって言う。でも嫌だから、嫌って言うの。手を引っぱって、嫌って言うんだけど、また腕をつかんで押し付けるの。触れって。でも嫌なの」

「パパの服はどうだった?」

「パパは、服を着たまま」


「パパが、言うとか、言ってはいけないとか、そういうことは、なかった?」

「パパは、このことは言っちゃダメって言った。いい子だよって。いい子だから、言っちゃダメって」

「OK……パパがそう言ったとき、どう思ったの?」

「どうしてそう言うのかわからなかった。だって最初は私に怒っていたから」

「それは、1回? それとも1回以上?」

「そのときがはじめてだった」

「ではね……パパは、あなた以外の人を殴ったのを見たことがある?」

「パパは、時々、ママを殴る」

「そのことを、すべて教えて」

「パパがお酒を飲んでいたとき、ママがあまり飲まないでって言ったの。そしたら、ひどく殴って、ママが泣いていた。でも大丈夫だから、問題ないと言って、部屋に行ってベッドに入っていった」

「それは、いつの出来事?」

「今年。ハロウィンの前よ。近所を回って、たくさんお菓子をもらってきたとき」。サラはハロウィンを思い出したように嬉しそうに言った。

「他にも、パパが嫌なことをしたことがあったら、教えて」

「パパがママを怒鳴って、赤ちゃんの弟が泣いてしまうと、パパがうるさいって言って、外に出してしまうの」

「そのとき、どう思ったの?」

「怖かった」


ジェニファーは考えて、少し間を置いた。

「OK……では、別の質問をするわね。男の子と女の子の話よ。服を着ていない人が映っているビデオとかを、見たことがある?」

「うん、ある。パパがいつも、女の子が映っているのを見ている。よくわからないけど、小さくてピンクの服を着た女の子とか、小さな女の子の裸とか」

「OK……サラ、今日、どうしてここに来たか教えて」

「先生が私の痣を見つけたから。そのことをママに言えないし……。そしたら、先生がここに連れてきた」

「ところで、サラ、あなたは何年生？」

「1年生」（アメリカの学年で。歳は8歳）

「学校の話を教えて？」

「国語の時間が好きなの」

「どうして国語が好きなの？」

「先生が、本の読み聞かせをしてくれるの。そのお話がとても面白いの」

「どんなお話なの？」

「女の子が馬の品評会に行くお話でね、でも、その子が馬具を全部なくしてしまうの……それでね……」

サラの顔に笑みが戻っていた。

「サラ、今日は来てくれてありがとう。出口まで送るわね」

そう言ってインタビューは終わった。

*

見ているだけでひどく疲れた。

なんという赤裸々な内容だろう……。

力なく壁にもたれかかっていると、「これはよくあるケースなのです」と、ジェニファーが言った。

サラもうなずいている。

ジェニファーは、このようなインタビューを日に4、5人の子供に行うという。

そしてフォレンジック・インタビュアーは、法的効力を持つ聴取内容という強力な証拠を持って裁判所へ行き、検察官と共に保護や訴訟といった手続きを行う。時には、自ら法廷に立つ。

大変な仕事だ。

序章
フォレンジック・インタビュー

1回限りの面接で、そこまで証言を引き出すのだ。

私は尋ねた。

「原則、1回だけの短時間インタビューで、心に傷を負う被虐待児童から、どのように信頼を得るのですか?」

しばらく目を閉じて、おもむろにジェニファーは言った。

それは、意外な言葉だった。

「私たちの仕事は、子供たちの信頼を得る仕事ではありません。フォレンジック・インタビュアーは子供から『証言』を得るのが仕事です。子供から『信頼』を得ようとは思っていないのです」

日本なら、まず面接者は子供と信頼関係をつくれと言われるのではないだろうか。

彼女の眼鏡の奥が鋭く光ったように見えた。

ジェニファーの口調には迷いがなかった。

「児童虐待における真の救済は、被害者である子供の声に耳を傾け、証言をしっかりと得るところから始まるのです。間違いを犯した親をちゃんと罰すること。それが、傷つけられた子供たちにとって本当の救済になるのです」

そして、語気を強めて言った。

「私たちフォレンジック・インタビュアーは、かわいそうな子供の心に寄り添うために存在しているのではありません。子供への救済を、現実のものにするために存在しているのです」

最後に彼女はほほえんだ。

「私たちは、言葉が未発達でうまく伝えられない子供たちのために、中立な立場で真実を見つけ出す、『真実見つけ屋さん』(ファクトファインダー)といったところね」

今、日本には、このような専門職は存在しない。

序章

フォレンジック・インタビュー

「フォレンジック・インタビューは深く研究とトレーニングを重ね、経験を積まなければならない分野です」とジェニファーは言う。

なぜなら、虐待というものは、まったく一様ではないからだ。

インタビュー部屋には10代の女の子がよく連れてこられる。性的虐待のケースは多いから。

けれど、女の子たちは一人ひとり違った反応を示す。

「なんで私はここにいるの?」「こんなのバカげてる!」「あんたなんかに話すもんか!」

そう叫んで腕を組み、ダンマリを決めこんだり。

入室して1秒で「ファック・ユー!」と叫んで飛び出していったり。

それでも、ジェニファーは真正面から子供たちと向き合う。

「虐待は人が悪だからではなく、そうさせる社会環境が起こすのです。

失業、自暴自棄、社会的ストレス。そこから薬物やアルコールに走り、正常な思考を失い、子供への暴力や育児放棄というかたちに変わる。

なかにはそういう親のことを理解していて、ひどい目に遭わされながらも、病んでいる親を更生させようと、泣きながら、歯を食いしばって証言する子供もいます。だからこそ、私たちは全身で子供の言葉に耳を傾けなければならないのです」

そして、彼女は続けた。

「虐待を受けた子供は、虐待者に罪をしっかりと償わせることで再び人生の出発ができるのです。虐待者もまた、犯した間違いに対してしっかりと罪を償うことが再出発のきっかけとなる。

私たちは、それが親と子の本当の救済だと信じています」

フォレンジック・インタビューは――

子供だけなく、その親の運命を変える。

ジェニファーは子供の未来を拓くため、優しく強く、吹く風に向かって凜と立っていた。

成すべきことをはっきり知っているプロフェッショナルが、そこにいた。

共に闘う

フォレンジック・インタビューは、子供の自発的な話の流れを邪魔しない。

「いつ」「誰が」「どのように」とも聞かない。

「最初から最後まで、何があったのか全部話してみて」

「そのときのことを、最初から、教えて」

と言う。

そこでどんな言葉が返ってきても、いっさい、感情移入や同調をしない。

また、口に出すのが苦しい言葉や、思い出したくない記憶であっても、それが虐待の核心であれば、別の聞き方をしたり、あとで聞き直したりと、角度を変えて質問を繰り返す。

冷静に。そして慎重に。子供の証言を汚さず、客観的事実を抽出する。

それはまさにプロの仕事である。


しかしジェニファーは私に驚くべきことを告げた。

「フォレンジック・インタビュアーには、特に資格はないのです」と。


私は目を丸くする。

ジェニファーは言う。

「なぜ資格が必要なの？　大切なのは、資格より技術を身につけていることです。フォレンジック・インタビューの技術を身につけていて、その人が実際に子供から純粋な証言を引き出せることが大事です。

それに、資格ではなく、技術があるかどうかを評価するからこそ、結果的にインタビュアー全体のレベルも高く保てる」


事実、ジェニファーは警察官や検察官、学校の教師、医師、看護師などに基礎的なフォレンジック・インタビューの技術を教えている。どれも児童に最初に接する可能性の高い職種である。

大事なことは、子供を保護する最前線にいる人に、フォレンジック・インタビューの心得があることにより、子供の「記憶の汚染」が防げる可能性が高いということだ。

それゆえ現在、アメリカではフォレンジック・インタビューは関係機関に属する人の基本的な技術とされ、広く研修がなされている。特に保育士、教師、児童福祉職員、保護員は100%近くが習得している。

ジェニファーは言う。

「これからの課題は、地域の人たちにも習得してもらうことです。フォレンジック・インタビューは確かに専門的な技術ではありますが、基本のところはそれほどむずかしくはありません。技術の基礎は、一般の人々みなが広く持てる常識やノウハウになりうる。いわば新しい子供への思いやりや気遣いのようなものです」

だとすれば。

もし日本で、一般の私たちも含め、大人たちみながこのような新しい常識やノウハウの心得を持てるようになったら。

そのとき、日本はどんな社会になるだろう。

私は想像する。


もしかしたら、地域で見かけるいつも泣いているあの子に、チャンスがあったら適切な態度でそっと話しかけができるかもしれない。

毎晩のように押し殺したような子供の叫び声がもれてくるあの家の家族を、警察や児相に通報するだけでなく、となり近所でもっと連携して話したり見守ったりする機会が増やせるかもしれない。


今の私たちは心のどこかで、児童虐待は専門家に任せるしかないと諦めていないだろうか？　専門家でもない私たちが、できることはない、と。


でも。

スーパーで。公園で。学校帰りの商店街で。子供に一番近いところにいるのは私たちなのだ。声に出せない子供の声に、最初に気づく可能性があるのは、地域の人々なのだ。

序章

フォレンジック・インタビュー

模擬インタビューで私は胸を詰まらせ、幾度となく黙りこんだ。

そのとき、目線を上げるといつもジェニファーは、じっと私の顔を正視していた。

沈黙の満ちる密室に、ジェニファーの心の声が響いているような気がした。


闘いなさい。

闘うのです。

私たちも、共に闘いますから。

私たちも、日本で虐待に苦しむ子供たちともっと共に闘えることが、もっとあるかもしれない。


アリゾナで、私はその最初の光を見つけた。

この書は、ひたすらそれを確たるものにするために、さらに、さらにと追い求めていく旅である。

第１章
アドヴォカシー

心を合わせて子供を擁護する

アリゾナ州・フェニックス市には、西部劇で見るような人の背丈より高いサボテンが、荒野の至る所に生えている。

雨はほとんど降らず、いつも黄色い砂を含んだ風が吹いている。

まれに天から雨粒が落ちることもあるが、それはスコールのように地上を急襲し、あちこちで道路を冠水させる。

そして再び、空はギラギラと晴れ上がる。


ここは、まさにガンマンの土地だ。


自分の身は自分で守る。

他人を助けるのにも、銃の引き金を引く。

第1章
アドヴォカシー

＊

序章で、幼いまさきは保護されてすぐ、全米最大の民間の児童救済機関チャイルドヘルプの運営するチルドレンズ・アドヴォカシー・センターの一室で、フォレンジック・インタビューを受けた、と述べた。

それはこのセンターが、被虐待児童を救う一連の社会活動のうち、保護した直後の最初の対応を、全部まとめて担っている組織だからである。

間髪をいれず、子供の純粋な証言を取る。

その法的証拠がその後、子供たちを擁護する重要な武器になる。

擁護。それがアドヴォカシーの意味である。

チルドレンズ・アドヴォカシーとは、子供を全力で擁護すること。

そのためには、所属機関の垣根を越えて、児童保護の初動に関わるすべての組織が集まる。

それを可能にした1本の「奇跡の横ぐし」が、チルドレンズ・アドヴォカシー・センターなのである。


相談でもない。福祉でもない。

ここは、傷ついた子供を擁護するための場。

傷つけた者には証拠を突きつけ、責任を取らせる。

センターは名前の示す通り、はっきりとその意思表示をしている。


少し時計の針を戻そう。

警察からここに連れてこられたまさきが、センターでジェニファーを含め、どんな人に出会ったかを描写しながら、ここに集まる関係機関の驚くべき陣容を説明しよう。


センターには、きわめて厳重なセキュリティーがしかれている。

内部には職員と保護された子供以外、誰も入れない。

子供の安全を守るためだ。子供を取り戻そうとする保護者の襲撃や仕返しがあるかもしれない。親族であっても面会は許されない。

かたく閉じられたその内部に、私は2016年以来8回入り、取材と撮影を行うことを許された。

「どうすれば子供を救えるか、全米最先端の救済モデルと言われる、あなた方チャイルドヘルプに本気で学びたいのです」

その言葉に、彼らは、「あなたの国の子供たちのためになるならば」と異例の配慮をしてくれた。

模擬的とはいえ、チルドレンズ・アドヴォカシー・センター内で行われている、息をのむようなフォレンジック・インタビューの現場を垣間見ることができたのも、そのおかげである。

すべては子供の未来のため。まだ見ぬ子らの擁護のため。

第1章
アドヴォカシー

24時間体制のチルドレンズ・アドヴォカシー・センターは、深夜レストランのように一晩中煌々（こうこう）と明かりが灯っている。

パトカーから降ろされたまさき6歳は、その光の中へと、手を引かれて入っていった。

入り口で待っていたのはフェニックス市警の児童犯罪捜査部（Police Department Crimes Against Children Unit）の刑事である。

1つめ。センターには警察の部隊がひとつ丸々入っているのだ。検察も入っている。児童犯罪捜査部に所属するフェニックス市警の刑事は総勢67人。その管理職も数人いる。

地方検察庁からは、数人の検察官がこのセンターに常駐している。

刑事は、センターで児童を出迎えるだけではない。

同時に今ごろ、他の刑事たちは緊急出動をして、まさきの家で証拠を押さえていることだろう。

虐待は家庭という密室で行われるため、物的証拠が簡単に破壊されたり、破棄されたりしてしまう。血液が付着した凶器や薬物、レイプによる体液が付着している衣類などは、すぐに処分されるから、あとで家庭訪問などと悠長に構えてはいられない。

パトカーを横づけし、近隣住民に何が起こっているかを知らせ、捜査や聴取に応じない場合は令状なしで玄関を強行突破することも珍しくないのだ。

担当の刑事に付き添われ、まさきはプレイルーム（遊戯室）へと通される。

壁や天井にはカラフルな装飾が施されていて、駆け回れるほどの大広間である。おもちゃや絵本もふんだんに用意されている。

部屋の奥には子供の身体よりも大きなクマのぬいぐるみが寝そべっている。野外キャンプごっこのできる小さなテントも張られてあった。

まさきは、ここで付き添いの刑事と遊びながら、そのコミュニケーション能力や言語能力、発達状態、精神状態などを観察される。

まさきは、部屋を見回した。が、遊ぶ気にはなれなかった。おじさん（刑事）と話をするのも気が進まない。

だって――。

これまで大人といえば、暴力を振るい、威圧的な態度で支配する継父や、泣いても助けてくれない母親しか知らないのだ。どう接すればいいのかわからない。信頼もできない。

不安と緊張とで身を震わせていると、まさきのもとに、1匹の犬が連れてこられた。

保護された児童に寄り添うために、特別な訓練を受けた警察介助犬である。

性格のおだやかなラブラドール・レトリバーや、頼もしく誠実なジャーマン・シェパードなどが起用されている。彼らもフェニックス市警の児童犯罪捜査部の一員なのである。

やってきた介助犬は、怯(おび)えているまさきの横にそっと座る。

ただそばに座っているだけなのに、まさきの緊張は徐々に解けていった。

そして彼女は犬に抱きつき、そのぬくもりに身を委ねる。

センターでこの介助犬たちの世話をする、配属6年目の女性刑事ジェレミー・ゴンザレスは言う。

「本来なら、子供に安堵感をもたらすのは親のぬくもりだったり、大人の優しさだったりするでしょう?

でも、ここに連れてこられる子供たちは、親を含む大人たちに傷つけられているから、この子(犬)たちのぬくもりや優しさが、安堵感をもたらしてくれるの……。

犬って本当に不思議ね。傷ついた子供たちの心が理解できるのよ」

幼いまさきは、寄り添ってくれる犬のぬくもりに、ようやく心を落ち着かせることができた。

そして、次の部屋へと連れられていく。

プレイルームの奥にはドアがある。

そのドアを開いた先にあるのは、診察室である。

2つめ。チルドレンズ・アドヴォカシー・センターには、フェニックス市の市民病院から派遣された医療チームが常駐している。医師は3人。看護師、看護助手もいる。

診察室には子供用の診察台、処置器具、洗面台、検査キットなどが置かれている。

部屋の雰囲気は、まるで小児病棟のようだ。壁はカラフルな色に塗られ、可愛らしいキャラクターの絵が描かれている。

けれど、やはりそこは診察室だ。幼い子供はやはり怯えるだろう。

診察台は、高い位置に設置されていた。サイズは子供用で小さいけれど、私にはその台の形と高さに見覚えがあった。

それは、産婦人科で受診者が上る台だ。下半身が置かれるあたりには、その下に引き出し式の洗面台がある。

横には超音波検査機とモニターが取りつけられ、妊娠検査ができるようになっている。

その診察台に、まさきは上がり、あおむけになる。

小児科の女性医師に、まさきは優しく診察してもらう。

ここに男性の医師は配置されていない。性的虐待の加害者は、多くの場合、男性だからだ。子供が怯える。

身体の傷や痣の確認が行われるが、子供への負担に配慮して、証拠撮影は診察終了と同時に終了できるように、特殊なカメラが用いられている。

そして必ず行われるのが、レイプ検査である。

女性器が未発達で、ペニスの挿入ができないような年齢でも、ペニスを押し付けられて精液を付着させている場合や、指や物体を挿入されて粘膜を傷つけられている場合もあるからだ。

採取した検体は、後日、別の分析機関に送り……などと手間取ることもない。検体は診察室のすぐ横にあるラボで即座に分析され、確認される。

私が最初にここを訪ねた２０１６年、センターに常駐する精神科医のサファリー・ガンジー医師はこう言った。

「レイプ検査は、男の子にも行われます」

えっ。私は声にならない声を発した。

彼女は言う。

「男の子の場合は、自分からその事実を話すことがありませんが、この診察室で検査をすると、証拠が確認されることが多くあるのです」

そして、ガンジー医師は私の顔を見つめた。

「男の子へのレイプは、あまり表に出ることがありません。でも、世界中で深刻な問題なのです。

きっと、日本もあることでしょう……」

この会話をした翌17年、日本でも認識が変わった。

被害者が女性の場合のみに限定されていた強姦罪が廃止され、「肛門性交又は口腔性交」を含め、男性が被害者の場合も含めた「強制性交等罪」が施行されたのである。

大きな前進ではある。これまで陰でどれだけ男子の性被害があったことだろう。

診察を終えたまさきが、次に通されるのは浴室である。それは診療室に隣接している。そこで身長と体重を測り、年齢相応の成長があるかどうかを調べ、場合によっては便尿の病理検査を行う。

まさきは職員たちによって洗髪され、身体を洗浄され、新しい服に着がえる。

育児放棄から保護された子供の頭髪にはシラミがわいていることが多く、その場合はここで頭髪の消毒も行われる。

さっぱり清潔にするためだけではない。子供が脱いだ汚れた服は、裁判に備えて、育児放棄の証拠として保管される。体液が付着している服は、性的暴行の証拠として保管されるのである。

そして、まさきはフォレンジック・インタビューに向かう。

3つめ。序章に詳しく述べたように、チルドレンズ・アドヴォカシー・センターには、専属のフォレンジック・インタビュアーがいる。その数5人。他に市や郡の小児科や児童福祉課からの応援インタビュアーもいる。

フォレンジック・インタビュー室は、診察室や浴室のあるところから10歩と歩かなくてもよい距離にある。

非常に夜遅い場合や、児童の疲労が激しい場合を除いて、インタビューは被害児童の記憶が鮮明なうちに行われる。

そのため、フォレンジック・インタビュアーは真夜中でも呼び出される。

インタビュー室には、またクマのぬいぐるみが置いてある。子供がすぐ抱きしめられるように。

ジェニファーも1頭の介助犬を飼っている。フォレンジック・インタビュー専用に特別な訓練を受けた犬である。動物アレルギーのある子供の場合を除いて、彼女は介助犬を伴ってインタビューを行う。

ジェニファーのパートナーである犬とはじめて対面したとき、私は少し笑って噴き出してしまった。なぜなら、漫画に出てくるような、ひょうきんな顔をしていたからだ。

頭がよく、おとなしいラブラドール・レトリバーと、動物アレルギーを起こしにくいプードルとの間に生まれた、ラブラドゥードルという犬種である。
立ち上がれば12歳児ほどの背丈がある大型犬で、毛がくるくるとカールし、抱きつきがいがある。大きな毛布のようだ。この漫画のキャラクターのような容姿が、子供にはいいのかもしれない。

「つらい現実を話さなければならないインタビューの場で、この子が、子供のそばに寄り添ってくれるのは本当に助かります……」

ジェニファーは犬と一緒に出勤し、オフィスでも、デスクの下に寝かせている。

「ジェニファーさん、こんなにもモコモコで気持ちのいい犬がそばにいると、子供は、抱きついたまま寝てしまいますよ」

ジェニファーは笑った。

「眠くなってもいいのよ。心が落ち着いた証拠なのだから。でも、私はちゃんと重要な証言は取るわよ」

そのほか、このセンターには心理療法士（サイコセラピスト）の起用するセラピー犬も飼われている。

子供への心理療法のことは、のちほど説明する。

まさきは、このフォレンジック・インタビューまでがんばれば、あとはセンターの職員たちが一丸となって、あらゆる方向からまさき自身の擁護に動いてくれる。インタビューの後、まさきは一時的な保護施設に送られる。しかしその間もこのセンターで、今述べた、子供のための心理療法を受けることができる。

このまま、センター内部の先の様子も見ていこう。

フォレンジック・インタビュー室の並ぶ廊下を抜けると、センターの中央部に位置する、広い場所にたくさんのデスクが並ぶセクションに出る。

そこは保護児童の家庭調査や法的手続きを行う複数の部署が、チームとなって活動しているオフィス空間だ。

4つめ。ここには、アリゾナ州政府の児童保護機関、「児童安全局（デパートメント・オブ・チャイルド・セーフティー）（DCS）」の支部のひとつが丸ごと入っている。児童安全局とは、アリゾナ州における児童局の名称である。

警察だけでなく、行政機関も、民間NPOの提供するこの建物に入っているのだ。

この広いオフィスでは、役割の異なる人々が互いに連携し、チームワークで次のような職務を行っている。

州の児童安全局に属する児童保護員と調査員（インベスティゲーター）、十数人。児童保護員は、フォレンジック・インタビュアーになる前にジェニファーがやっていた仕事だ。警察と共に子供の緊急保護にあたる。

センター専属の社会福祉士（ソーシャルワーカー）、十数人。日本でもなじみのある資格だ。家庭内の調査や児童の保護先の手配などを行う。

そして、フェニックス市の被害者擁護センターの職員が数人。彼らは、犯罪被害者の権利擁護に特化している。

これらのチームによる家庭調査は、1つめの、ここに常駐するフェニックス市警の刑事たちによる虐待の捜査とは別に行われる。

まさきの家庭は、詳細に調査される。ゴミ屋敷のような劣悪な環境ではないか、食生活はどうだったのか、親の収入はいくらか、部屋の賃料、電気代、水道代が支払われているか、健康保険に入っているか、など。

また、まさきの親族や血縁関係なども調べられる。保護後のまさきの、養育先としての可能性が検討されるとともに、それらの親族が犯罪組織に関わっていないかどうかなども調べるのだ。

子供への心理療法

児童安全局の入っている広いセクションの次にあるのは、子供の心のケアを行うエリアである。

5つめ。センターには、ここに専属する子供のための心理療法チームがある。部屋は全部で6室。心理療法士は8人いる。

チルドレンズ・アドヴォカシー・センターは、「初動」すなわち子供を保護した直後の対応をまとめて担うところだ。

センターのおかげで捜査や家庭調査、診察、フォレンジック・インタビューといった動きがワンストップで行えるのは画期的だが、被虐待児童の心のケアまで初動に含まれるだろうか、と思われた読者もいるかもしれない。

しかしこれには、1980年代にアメリカで初となる、被虐待児童の擁護機関設立に奔走したアラバマ州の下院議員ロバート・E・クレイマーの強い意志が生かされている。

クレイマーは元地方検事で、その間、多くの児童虐待事件を見てきた。そこで彼は政治家になり、保護児童を幾重にも傷つける関連機関の連れ回しに異議を唱え、ワンストップではなかったが、各機関の連携をはじめて体系化した。

それでも、保護され調べられる過程で子供の心は傷つく。それに、虐待そのもので負っている心の傷も、一刻も早く治療を始めたほうがいい。クレイマーは、可能な限り早くから保護児童の心を治療することを重要視した。

そこで、アメリカの児童福祉の歴史の中でクレイマーの志を発展させているこのセンターでも、初動プロセスのひとつとしてやはり心理治療を組みこんでいるのである。

一時保護施設で過ごしながら、幼いまさきはこの部屋に何度となく通うことになる。傷ついた心はどのように回復への途に就くのだろう。

センター所属の心理療法士たちに会い、話を聞かせてもらった。

ララ・エスリンは、大学で心理学を学び、その後、病院の精神科で経験を積んだ、30代前半の女性セラピストである。

彼女がデスクを置く療法室は、人形やぬいぐるみ、おもちゃ、ゲームでいっぱいだった。

彼女は私に、子供が座るソファのほうに座るようにと言った。私はその柔らかなソファに腰を下ろした。

彼女が、くるりと自分の椅子を回して私のほうに向くと、不思議な空気が流れた。大人同士で向き合っているのに、それに、彼女は私よりうんと若いのに、彼女の優しい雰囲気に吸いこまれる。私は、6歳のまさきになったような錯覚を覚えた。

彼女は言う。

「サンドプレイ（箱庭療法）をやってみる？」

デスクの前には、平らに均（なら）した砂箱が置かれていた。

その横には、いろいろな小型の人形や造形物を並べた棚がある。

おもむろにその棚を覗きこみ、自分に似た女の子の人形を手に取る。

アメリカの人気漫画『ピーナッツ』に登場するキャラクターで、いつも不機嫌そうな顔をしている少女ルーシーである。

漫画の中では、なにかと女性の権利を主張し、ガミガミ屋さんではあるが、その不満そうな顔が、私の内面にあるものと重なる気がした。

他も次々に手に取って砂の上に並べる。ニュージーランドのマオリのような逞（たくま）しい戦士。緑色の怒った顔をしている超人ハルク。そして、卵を抱えた小鳥の巣。その横に、医療模型のような全身の骸骨を寝かせた。

並べ終えて、遠目に眺めてみた。

セラピストがそれによって何を探るかはわからないが、私自身の内観の手がかりにもなるはずである。不満顔の女の子。強そうなヒーロー。たぶん家族を意味する小鳥の巣。死を意味するであろう骸骨。

私はため息をついた。いかにもありがちな、独創性のない選び方。子供なら、もっと素直に心の中のものを表現していくだろうに。

その砂箱を見て、ララ・エスリンは、ぽつりと言った。

「あなたの心は、闘いたいのね……」

そうかもしれない。私は、なんとしても子供が死んでいく社会を変えたい。日本の人々に、ここにある一筋の光を届けたいと思っているのだから。

何度も自分の口で「パパが叩いた」「パパにお腹をキックされた」と言った結愛(ゆあ)ちゃん(2018年香川・東京5歳女児虐待死事件)。「もうおねがいゆるして」と小さな手でノートに書いた。幾度となく児童相談所、警察、検察、医療の介入がありながら、親もとに戻された小さい命は救われなかった。

心愛ちゃん（2019年千葉10歳小4女児虐待死事件）は、学校のアンケート調査で父親の暴力を訴えたが、学校や教育委員会、児童相談所は結果的に少女を守らなかった。見す見す家庭に返され、虐待の末、衰弱死をした。

私がアメリカに旅立つ数日前も、偶然に訪ねた知人宅の隣家で、6歳の少女が母親の手にかかって死亡するという事件が起きた。同居する家族も近隣の人々も母親の異変に気づかなかった。騒がしかった警察車両と報道の車がいなくなった翌日、司法解剖を終えた亡骸は家に戻ってきた。小さな棺に収められて。

いつも――、事件が起きてから、悲しく悔しく、心を痛めている。普通の人間のひとりとして、どうすればよかったのか、飢えたようにヒントを探している。

「でも……本当に闘っているのは、このセンターで働く職員さんたちですよね」

私はそっと話をそらす。

大人でもつらい現実と毎日向き合っていかなければならない子供の心をケアするのだ。

それを支える職員たちの苦労も並大抵ではないはずだ。

このセンターでは、心理療法士に限らず、フォレンジック・インタビュアーも医師も調査チームもみな、心がつらくなったときには、いつでも休みをとることができるようになっているという。

一度に長く休んでも、頻繁に休みをとってもいい。まず職員たちの心が健康であること。それが重視されていた。

ララ・エスリンが言う。

「心理療法の中で一番むずかしいのは、子供たちに『安全』という概念を教えることです。ここに来る子供たちにとって、一番安全でなければならないはずの家庭が、一番危険な場所だったのですから。

虐待を受けた子供たちは、安全ということを信じることができないのです」

彼女は、子供たちの不安や恐れを理解しようと、ドールハウスを使って家族構成や、家庭内の問題を探ったり、パペットを使った会話で子供の言葉を引き出したりと、さまざまな手法を試みている。

特に心がけていることは「子供に、質問をしないこと」と、彼女は言った。質問は、時として児童の心の負担になるため、自発的な言葉だけを頼りに心理療法を行っているという。


彼女は、ほほえみながら言った。

「でも、徐々に子供たちの笑顔が増えていくのを見ていると、本当に嬉しいわ」

となりの部屋のセラピスト、メリッサ・モンゴメリはセラピー犬を飼っている。彼女の療法室を訪ねると、小さなビーグル犬が私の足元にトコトコと歩いてきてコテンとひっくり返り、ピンク色のお腹を見せた。

お腹を撫でてやると、メリッサ・モンゴメリは言った。

「犬を飼っている理由はね、心理療法を面倒に思う子供たちが、犬に会いたくて休まずに来てくれるからなの。将来のためにも、子供たちには心理療法を続けてほしいの……」

若いメリッサは、心理療法士になってまだ5年ほどだと言う。

「子供たちは、犬を抱きしめることでとても表情が豊かになっていくのよ」とほほえむ。

ある子供は、メリッサの部屋に来て犬を抱きしめて、そのまま寝転んで、昼寝をして帰るだけだった。けれど、日に日に笑みがこぼれるようになり、会話もできるようになっていったという。

メリッサは言う。

「虐待で受けた心の傷というのは、大人になってからも血を流し続けることがあるの。そのために他人とのコミュニケーションができなくなったり、仕事に就けなくなったり、大人になって引きこもりになったり、自殺につながることもある。だから、ここで犬と遊ぶだけでもいいから来てほしい……」

子供たちに心理療法を継続して受けてもらう努力は、チルドレンズ・アドヴォカシー・センターだけでなく、その運営主体であるチャイルドヘルプが当初からずっと心を砕いてきたことだ。

ララ・エスリンは、私をセンターの中にあるおもちゃの倉庫へと案内してくれた。心理療法を受けた子供たちは、この棚から自由におもちゃを選んで、もらって帰ることができるのだ。

おもちゃはすべて寄付によるもので、倉庫が空になることはない。

アメリカには、「トーイ・ドライブ」というおもちゃの寄付活動が広く行われていて、特にクリスマスの季節になると活発になる。

この時期のショッピングモールの前には、警察官や消防隊員、海兵隊員たちが大きな箱と共に立っていて、催し物を展示しながら、寄付のお願いをしている。

ショッピングモール前で行われるため、家族や友人へのクリスマスプレゼントを買いに来た人々が、ついでにもうひとつ、ふたつ、おもちゃを購入してその箱に入れていく。

また、スポーツ界では勝利を決めた瞬間や試合のハーフタイムの際に、いっせいにぬいぐるみを投げ入れる「トーイ・トス」も行われる。

こういった寄付の習慣は国民に広く根づいており、全米中から各地の児童施設へ、おも

フェニックス市にあるチルドレンズ・アドヴォカシー・センターの建物。この日は車団体が寄付に

ちゃの寄付が送られる。

チャイルドヘルプも大々的に寄付イベントを行い、おもちゃを手にする子供たちの笑顔のために努力を続けている。

ララ・エスリンは言う。

「私たちは、ここで子供たちが自由におもちゃを選ぶことをとても大切にしているのです。

ずっと抑圧の中で耐えてきた子供たちだからこそ、自由に選ぶという経験をしてほしいのです」

私は、棚に積まれたおもちゃを手に取った。

おもちゃは、すべて新品だった。

彼女は言う。

「子供は、大切にされていると感じながら育つことが大切。だから、中古のおもちゃの寄付はお断りしています。

誰かの要らなくなった物の使い回しでは、子供の心をさらに傷つけてしまいますから」

そして、彼女は温かな笑みをたたえた。

「私たちの大切な子供たちです。

だから、おもちゃは新品です」

フェニックス市警・児童犯罪捜査部

フェニックス市警・児童犯罪捜査部は、文字通り、児童虐待事件を専門に捜査する部隊だ。チルドレンズ・アドヴォカシー・センターの中に拠点を構え、大勢の刑事が配属されている。

家を飛び出した夜、保護されたまさきを最初にセンターの入り口で迎えてくれたのも、この児童犯罪捜査部の刑事だ。

私はこれまでに2回、この部署の内部取材と撮影を許可された。

チルドレンズ・アドヴォカシー・センターの中で、ここだけはピリリとした緊張感が漂っている。

受付には強化ガラス。そこにフェニックス市の紋章が描かれている。

関係者以外、入室はいっさい禁止され、厳重な守秘義務とセキュリティー体制がしかれている。

ピピッと音が鳴って、入り口のドアのセキュリティーが解除された。

ドアを開けて中に入るなり、1頭のラブラドール犬が奥のほうから尻尾を振って飛び跳ねるように走ってきた。

あっという間に私の前に到着して「誰？　誰？　この人誰？」とばかりに、足や尻のあたりをクンクン嗅ぎ回る。

もう1頭やってきた。こちらは最初の犬より歳をとっているのか、のそのそと歩いてきて足先や尻を嗅ぐ。


奥のほうから、大きな声が聞こえた。

「気にしないでね。この子たちは、とにかく人間が大好きなのよ」

警察介助犬の世話役でもあるジェレミー・ゴンザレス女性刑事だった。


その声で、2頭は刑事たちのデスクに戻っていく。

若いほうは、パソコンに向かう男性刑事の椅子の横に座ると鼻先を上げた。その頭を、パソコンの画面から視線を外さない刑事が撫でてやる。

もう1頭は刑事のデスクの下に潜りこんでごろんと寝転び、刑事のつま先を枕にした。かと思えば立ち上がって、別の刑事たちのもとへと歩いていく。

私は、ゴンザレス刑事に言った。

「この犬たちは、この部署内で自由に歩き回れるのですね」

すると彼女は、ニコリとした。

「もちろんよ。この犬たちは捜査部隊の一員。私たちの同僚よ。自由に歩けるのは当然のことよ」

ふだん、刑事たちはほとんど外に出ている。

残っている刑事たちは根（こん）をつめてパソコンに向かい、加害者をじりじりと追いつめるべく、事件の証拠集めをしている。

再びセキュリティーがピピッと鳴ってドアが開き、40代後半の男性が私に手招きした。

ポール・ペレッツ巡査部長。この児童犯罪捜査部の刑事たちのリーダーである。

彼のオフィスには、アメリカ各州の警察紋章を集めた額がかけられ、部屋の隅には、星条旗が掲げられていた。ハンガーに吊るされた制服には、高位の袖章が縫いつけられている。

「ここは静かだろう？　刑事たちは、みな寡黙に仕事をしている」

もちろん現場を走り回っている刑事もいるだろうけれど、と、ペレッツ巡査部長は言う。

「今はサイバー犯罪が非常に複雑なんだ。インターネットの中には、少年少女を食い物にしようと狙う罠がたくさんある。刑事たちはパソコンに向かっている時間が、とても長くなったんだよ」

確かに、インターネットは地球を包みこんでいる。犯罪組織の手は、地球の裏側からでも伸びてくる。

黒く柔らかそうな椅子に腰かけ、ペレッツ巡査部長が言う。

「君は、何が知りたいんだね？」

すぐさま答えた。

一番知りたかったことは、ＮＰＯ団体の建物を拠点とする刑事たちの「気持ち」である。どう思っているのか？

ペレッツ巡査部長は笑った。

「そんなに不思議なことかい？」

「はい。警察や検察というのはプライドの塊でしょうから、この場所に民間と同居していることが不思議でなりません。なぜ警察がＮＰＯの建物の中で働いているのでしょうか？」

巡査部長は、さらに笑顔を見せた。

「ここは、ＦＢＩだって一緒に働いているよ」

ＦＢＩとは、ご存じ、アメリカ連邦捜査局のことである。

ドラマや映画に描かれているイメージでも、ＦＢＩは難解な事件を扱う精鋭部隊で、私にはそれこそフェニックス市警以上に偉そうな存在に思えた。

そのＦＢＩ捜査官が、なぜ？

このセンター内では、なぜ警察もＦＢＩも、民間と一緒に働いているのだろうか？

ペレッツ巡査部長は言う。

「今ではネットが普及して社会がグローバル化し、児童虐待事件は州や国を超えてしまっているんだ。

ＮＰＯの市民団体は、地域や家庭内のことが得意だ。いっぽうＦＢＩは、国際的な組織犯罪に強い。

だからＦＢＩと、児童福祉の関係機関を集めたこのセンターが協力することは理に適（かな）っている。
家庭内の問題がグローバル犯罪につながるようになってしまった今、このチルドレンズ・アドヴォカシー・センターでのFBIと警察、そして児童福祉の関係機関の協働は、非常に欠かせないことなんだ」

警察やFBIと協働するほど、長く厚い信頼関係を築いているNPO、チャイルドヘルプとはいったいどんな組織なのだろう。
チャイルドヘルプは純粋な民間団体であり、市民からの寄付に支えられている。活動のひとつとしてこのチルドレンズ・アドヴォカシー・センターを運営し、警察だけでなく、検察や児童安全局などの行政機関を招き入れ、すべての人々が児童を擁護し、虐待問題の解決に協働できるよう、お膳立てをしている。

近年、アメリカでは国際的な人身売買とサイバー犯罪が深刻になっている。ひとつの家庭で起きた虐待事件だと思われていたことが、州をまたぎ、国をまたいだ犯罪であることも多い。背後にはアメリカのマフィア、多国籍の犯罪シンジケート、正体不明の宗教団体、周辺諸国の犯罪グループなど、いくつもの闇の組織が関係しているといわれる。

私はこの取材を始めてから、何か情報収集につながればと、人と会うたびに自分の取材目的を話していた。

しかし、私が「児童虐待（チャイルドアビュース）」と言うたびに、アメリカの人々は一様に、「それなら『人身売買（ヒューマントラフィキング）』も調べたほうがいい」と助言するのだ。

当初、私は、今の日本が直面するのは人身売買より家庭内の虐待問題だろうと考えていた。
だが、今は私も児童虐待と人身売買とは密接につながっていると考えている。

性的搾取、強制労働、臓器売買。

これらの人身売買の目的のためには、誘拐されて行方不明になっても親が探さないような子供が特に狙われる。10代では、家出や夜遊びをしたりする少年少女が狙われる。

保護された後に、慈善事業を装った養護施設や、養子縁組斡旋業者の斡旋する家庭で行方不明になり、人身売買に巻きこまれるケースもある。

ネットのソーシャルメディアで言葉巧みに子供を誘い出し、誘拐する事件も多発している。

司法省によると、全米で行方不明になる18歳未満の子供の数は年に約80万人。

ペレッツ巡査部長は言う。

「我々は、被害者の捜査だけでなく、加害者の捜査もしなければならない。加害者をなんとかしなければ、被害者だって減らないからね」

そうなのだ。被害者の児童だけを見つめていても、児童虐待という問題はなくならない。

虐待する親の問題。その親を囲む社会の問題。そしてそこにつけこむ犯罪組織の問題。すべてのレベルで、加害する側とその病理に立ち向かってやっと、この問題は解決に近づく。

日本も同じではないか。

警視庁が公開している行方不明者数の過去5年間（2015〜19年　20年は感染症の蔓延防止で総じて行動の自粛が見られるため平均から除く）の推移を見ると、9歳以下の児童が行方不明になった件数は年に約900〜1200件である。10代、20代はいずれも一年に1万7000件を超えている。

行方不明者の80%以上は、後に所在確認がなされている。が、残りは死亡確認か未確認であり、行方不明者総数の約10%を占める未確認者は何らかの犯罪に巻きこまれている恐れがある。


ペレッツ巡査部長が言う。

「君は、我々が、チャイルドヘルプというNPOと協働していることが不思議だと言ったね？確かにこれはなかなかできるものではないんだ。今やNPO団体は無数にあるだろう？でも、慈善事業だからといってすべてが信用できるわけではない。慈善事業を隠れ蓑(みの)に、悪いことをしているNPOだってあるかもしれない。我々が彼らと協働できるのは、チャイルドヘルプが信頼できる組織だからだよ」


ちょうどこの頃、アリゾナ州の地元新聞が、金儲けに走る里親支援団体のことを大きく取り上げていた。

里子を受け入れると支援金が補助されるため、そのお金を目当てに動物の多頭飼いのように子供を何人も受け入れ、その劣悪な生活環境は環境虐待である、と記事は告発していた。

巡査部長の部屋を出ると、一人の男性刑事が、遠くから手招きしていた。テッド・マックヒュー刑事。彼は私に「これを見て」と指さす。棚の上には額縁に入れて飾られた1枚の手ぬぐい。そこには「百戦錬磨」と漢字で書かれていた。息子が習っている剣道がきっかけで日本人のホームステイを受け入れたことがあり、その手ぬぐいはそのときにプレゼントされたものだという。

マックヒュー刑事は言う。

「この言葉の意味は、たくさん闘ってより強くなるってことだろ？」

私はうなずいた。刑事にはぴったりの言葉だ。

「私はね、この言葉に励まされているんだ。児童虐待の捜査は、とてもつらい現実と向き合うことになる。我々にとっても闘いだよ。

でも、その現実から逃げてはいけない。一つひとつ、事案と闘うたびに、子供たちのために強くならなければならないと思うんだ」

彼は、しみじみと言った。

第1章

アドヴォカシー

現在、このセンターには各機関の精鋭が集まり、チームを組んで児童の救済に取り組んでいる。アリゾナ州フェニックス市の児童保護の現場は、世界的に見て、最先端の救済システムが機能しているといえるだろう。

刑事たちは、みな格闘家のような身体をしている。胸板が厚く、腕を曲げただけで力こぶがシャツの上からでも見える。

そんな屈強な男性でも、児童虐待の現実と向き合うのは精神的に過酷なことなのだ。

少しばかり日本とゆかりがある彼に、近年、日本で起こった児童虐待死亡事件のファイルを見せると、彼はぽつりと言った。

「そうか、日本も救えていないのか……。アメリカも、たくさん悔しい思いをしているよ……。アメリカだって救えていないんだ」

＊

現在、チルドレンズ・アドヴォカシー・センターは、アメリカ全州に大小900か所ほど設立されている。その多くを市民活動団体やキリスト教支援団体が支える。

つまり、公的機関である警察、司法、児童福祉、そして医療を連結しているのは全米の市民たちというわけだ。


先に述べた下院議員ロバート・E・クレイマーは、1988年に全国児童連盟（ナショナル・チルドレンズ・アライアンス）（NCA）を設立した。

NCAはチルドレンズ・アドヴォカシー・センターの初動の質を落とさないための審査と認定を行う機関であり、教育機関でもある。児童保護職員の教育や、フォレンジック・インタビュアーの養成講習なども行っている。

チャイルドヘルプはNCAの立ち上げに参加し、長く理事も務めてきた。

そしてNCA設立から10年目の1998年に、チャイルドヘルプは2つめのチルドレンズ・アドヴォカシー・センターを、ここアリゾナ州フェニックス市につくった。なぜならここは、アメリカで最も児童虐待の深刻な場所だったからだ。


その頃、アリゾナ州はとなりにIT産業の一大拠点、カリフォルニア州があることから、さかんにIT産業やハイテク産業が進出し、「シリコンバレー」ならぬ「シリコンデザート（砂漠）」と呼ばれるほどの拠点となっていた。

フェニックス市はアメリカで５番めの大都市となったいっぽう、メキシコの国境にも近いことから不法移民が多く住み、また、郊外には先住民族であるホピ族、ナバホ族、アパッチ族などが暮らす居留地が広がっていた。

産業ストレスと人種や民族による貧困が入り交じり、フェニックスが犯罪都市と化すのに時間はかからなかった。メキシコ国境では犯罪組織を多く抱える南米との出入りも容易であり、また、となりのカリフォルニアには国際的なハブ空港があることから、アリゾナ州は児童の人身売買の世界的な一大経由地になり、全米の児童虐待件数ワースト・ワンを記録した。

そんななか、フェニックス市にできたチルドレンズ・アドヴォカシー・センターは、設立されて約20年の間にこの都市の現実を着実に変化させてきた。センターは現在、年間８０００人、１日延べ20人の子供を救済している。

チルドレンズ・アドヴォカシー・センターの全米各地への普及に最も賛同したのはＦＢＩだった。ＦＢＩはＮＣＡとパートナーシップを結び、全米のセンターと共同捜査ができるようにした。

この官民連携によって、アメリカは曲がりなりにもより多くの児童を救済し、また、犯罪を未然に防ぐことにつなげているという。


ペレッツ巡査部長が言う。

「我々行政機関が、NPO団体の中で一緒に協働しているのが不思議でならないと君は言ったね？　でも、我々がみな、一緒になれば最強じゃないか」

そして、彼は続けた。

「本当に子供を救いたいだろう？　みんな、目指しているゴールは同じなんだよ」


その「みんな」という言葉に、刑事やFBI捜査官、検事、医師、看護師、フォレンジック・インタビュアー、児童保護員、社会福祉士、心理療法士、センターの職員たち、そして犬たちまでもがいっせいに私の脳裏に浮かんだ。

ここでは、みなが一つになっている。すべては、一人の児童の「擁護」のために。

どんな立場であれ、目指すところは同じ。

だからプロフェッショナルたちは、垣根を越えて集結した。

第1章

アドヴォカシー

そしてそれを、民間の人々が――そう、地域で暮らす普通の人々が支えている。

第2章
ホットライン

チャイルドヘルプの心臓部

デンマークの童話作家、ハンス・クリスチャン・アンデルセン（1805〜1875年）の作品のひとつに、『マッチ売りの少女』という物語がある。

子供向けの童話とされるが、よく考えると、これは児童虐待で幼児が死んでしまう物語だ。


少女の父親は酒びたりで、時々少女に暴力を振るう。

ある年の瀬の、雪の降る夜。「マッチを売って、お金を稼いでこい！」と家を出され、少女は、道行く人に、「マッチを買ってください」「マッチを買ってください」とお願いをする。

行き交う人々は、その少女の姿を哀れに思うものの、誰もマッチを買おうとはしない。

寒さに震える少女は、路地に座りこみ、1本のマッチを擦ると、小さな火がぽっと灯り、少女を温めた。しかし、マッチの火は、すぐに消えてしまう。

また1本、マッチを擦る。すると、火の明かりの中に、暖かな暖炉が映し出された。しかし、またすぐ消えてしまう。

再びマッチを擦ると、おいしそうな夕食が映し出され、また擦ると、美しいクリスマスのもみの木が映し出され、そうして繰り返していると、大好きだった祖母の姿が現れた。

少女は嬉しくなって、「お祖母ちゃん」と叫ぶ。その火もすぐ消えそうになり、少女はあわててすべてのマッチに火をつける。火は大きな明かりとなって祖母を照らし、少女を優しく抱きしめて天に昇っていった、という話だ。


この物語は、貧困者を薄遇する当時のデンマーク社会を批判したものだといわれるが、何を伝えたかったたか、その解釈は読者に任されている。

日本のアニメでよく知られる『フランダースの犬』（1872年）も、イギリスの児童文学者ウィーダによって、寄る辺なき少年の、天に召されるまでを描いた物語だ。

近世に成立した文学作品には、このように、不幸な子供の姿を描いたものが多くある。

それからおよそ150年たち、私たちの社会はどれくらい変わっただろうか？

保護された子供に24時間年中無休でワンストップの初動対応を行う、チルドレンズ・アドヴォカシー・センター。これが活動することで、かつて全米最悪だったフェニックス市の児童虐待件数は、今やアメリカにおける児童救済の手本と言われるほどに減っている。

このセンターが担っているのは、いわば火事場のすばやい一斉消火活動だ。すでに起こっている虐待の事案から、一丸となって子供を救い出すという活動なのである。

だが、こうした起きてしまった虐待に対処するだけでは、これほどまでに市全体の虐待件数が減ったりはしない。

チャイルドヘルプは、他にも重要な手を打っている。

それは、虐待を未然に防ぐこと。虐待が起きる社会そのもののあり方を変えていくことである。

＊

チルドレンズ・アドヴォカシー・センターの取材を終えた私に、チャイルドヘルプの本部で広報を務めるダファニー・ヤングは言った。

第２章
ホットライン

あなたが次に見るべきは、本部のホットラインだと。

それは、フェニックス市郊外に赤茶けた山肌を見せるキャメル・バック・マウンテンをほど近くに望む場所にあった。周りには背の高い近代的なオフィスビルもあるが、チャイルドヘルプが本部を構えるのは小さな雑居ビルで、それとわかる看板もなかった。アイパッドとグーグルマップがなければ、たどり着くのにひと苦労したことだろう。

ダファニーは言った。

「確かに、本部オフィスとしては小さいわね。でもここから全国、そして全世界に向けて、虐待を受けている子供たちのために、私たちの手が伸ばされているのよ。チャイルドヘルプが行っている事業は、とても壮大なのです」

ブロンドの髪をストレートに流し、長身で笑顔の彼女は、私がチャイルドヘルプに足を運びはじめた２０１６年から取材の窓口になってくれている。

長年、アリゾナ州立大学でジャーナリズムを教えていたけれど、広報という立場から児童虐待問題の一助になりたいと、チャイルドヘルプへの転職を決めた女性だった。

彼女は社会の改善の一端を担うジャーナリズムの力を強く信じ、伝えること、そして知ることの大切さをおだやかな口調で私に話してくれた。

そしてすべての取材の最初に、「まずは、チルドレンズ・アドヴォカシー・センターを見なさい」と助言してくれたのだった。

アドヴォカシー・センターの取材を終えた私を、ダファニーは笑顔で迎えてくれた。次はここを見なさいと、彼女が案内してくれたのは、ダファニーのいる本部オフィスのひとつ下の階にある、全国児童虐待ホットライン（National Child Abuse Hotline）の部屋だった。

そこには24時間365日電話を受け付ける、完全無料のホットラインがあるという。アメリカ全州およびカナダの全州を網羅し、さらに170か国の言語に対応して、世界各国からの通報相談も受け付けているという。

これこそが、チャイルドヘルプの心臓部なのだと彼女は言った。

本部オフィスからホットライン室へと階段を下りる途中、半分まで下りたあたりで、ダファニーが足を止めて言った。

第2章
ホットライン

「ここからは、声をひそめてください」

その一言で、空気が一変したような気がした。ホットラインのある1階の踊り場に下りると、太陽の光は周りの建物に遮られていて薄暗く、ひどく静寂を感じた。

奥に進み、ホットライン室へと入る。

パーテーションで囲まれたデスク。大きなモニターを付けたパソコン。座り心地に配慮された椅子に腰かけた職員たちが、受話器の向こうから聞こえる声に集中している。

ここで受けているホットラインの件数は、毎年、約9万件余りだという。

1か月に約7500件、1日約250件の電話相談に応じていることになる。

チャイルドヘルプは、政府にさきがけて、アメリカではじめて児童虐待専門のホットラインを設置した。1982年のことである。

その頃のアメリカは虐待に対する意識が低く、街角でみすぼらしい格好をした子供や、痣や傷だらけの子供を見かけても、人々はさほど驚きもせず、気にも留めなかった。ちょうど、アンデルセンが『マッチ売りの少女』で描いた世界のように。

貧困は当たり前に存在し、躾(しつけ)と称して子を殴ることも、よくあることだった。ホームレスの親子が路上で寝ていたり、ドラッグやアルコール依存の親に子供が育てられたりしている光景も日常だった。

仮に誰かがそういった子供をかわいそうに思っても、当時は人々の間に、それが児童虐待であるという共通認識がなく、社会全体として通報する先もなかったのである。もちろん、事件になれば警察は動く。しかしその頃は多くの場合、家庭内のことに警察の介入は不要とされた。虐待を受けている子供が助けを求める場所もなかった。

そこでチャイルドヘルプは、そういう子供が助けを求められるホットラインを開設した。

電話番号は、子供でも覚えやすいように、無料通話を示す1-800に続けて4-A-Child(子供のために)とされた。

通話が無料なのは、子供が何も持たずに逃げても、公衆電話で電話がかけられるようにという配慮である。国を問わず、どこからの通話も無料であった。またこれは、児童虐待の目撃者が通話料金を気にして通報を躊躇しないように、という配慮でもあった。

虐待に休日はない。むしろ、休日のほうが虐待のリスクが高い。そのためホットラインは365日年中無休とされた。また、虐待には昼も夜もない。むしろ、親が家にいる夜のほうがリスクが高い。そのため親が寝静まる真夜中のほうがそっと電話をかけられるだろうと、ホットラインははじめから24時間対応だった。

とはいえホットラインを始めた頃は、「何が虐待か」を人々に知ってもらうところからだった。

チャイルドヘルプは、ホットラインの番号を刷り入れた文房具や玩具を全米に配り、学校にはポスターやリーフレットを配った。虐待されている子供自身が、自分の置かれた環境を認識できるよう、子供向けの啓発本もさかんに発行した。

ホットラインの番号のそばには、常にこう書かれていた。

「それは児童虐待です。助けを求めてください」

その結果、ホットラインには子供から直接SOSの電話がかかりはじめた。

ダファニーは言う。

「当時は、親が寝静まった真夜中に、クローゼットなどに隠れながら、声をひそめて電話をかけてくるような子供たちが多かったのよ……」

でも、電話を直接かけられない子供はどうだろう。

まだ言葉を知らない乳幼児、言語に障害を持つ子供たち、そして家の中で育児放棄をされている子供たち。潜在的な被虐待児童はまだまだいるに違いなかった。

その子供たちを発見するためには、ぜひとも地域の協力が必要だとチャイルドヘルプは考えた。

そこでチャイルドヘルプの職員たちは全米各地に出向き、地域住民が目撃した情報を通報することの大切さを伝えて回った。

地域の住民たちが、近隣で気づいた児童虐待について、その通報や相談をホットラインに寄せるようになると、これまで児童虐待に対して動かなかった警察や政府の福祉局が動くようになった。

現在のように各州に州政府主導の通報・相談ダイヤルが整い、市民に公表されるようになったのは、チャイルドヘルプのホットラインができてからずいぶん後のことである。今では警察の911でも受け付けている。

日本では、児童虐待のホットライン的な取り組みは１９９０年以降に始まったといわれる。チャイルドヘルプのホットラインは、世界的にも早い取り組みだった。

ただ、私にはひとつ、わからないことがあった。

現在は、アメリカ全体をカバーする政府の児童虐待通報ダイヤルがあり、チャイルドヘルプのホットラインはその役割を果たし終えたはずだ。

それなのになぜ、今もここの電話は、こんなにずっと鳴り続けているのか？　１日２５０件も。

勇気を与え、背中を押す

ホットライン室の室長、ミシェル・フィンガーマンにその疑問を投げかけた。

彼女はこう言った。

「今は、各州政府の児童局に通報することができるようになっています。でもね、人は、なかなか通報できないものなのです」

私は聞き返した。

「通報ができないもの？」

ミシェルは言う。

「そう。一般の人は、通報しなくてはと心の中では思っても、なかなか実際には通報できないものなのです」

私は怪訝そうな顔で言ったと思う。

「躊躇するということですか？」

「そうです。多くの人は、これは本当に虐待なのかと、自分が目撃したことに自信が持てないのです。それに、政府機関に通報するのを嫌う人もいる」

まだ腑に落ちなかった。

すると、デスクに向かって仕事中だった相談員の一人が椅子をくるりと回し、私に言った。

「あなたが思っているほど、普通の人々は、通報する勇気を持ち合わせていないものなのです。

その勇気を与え、背中を押して、人々に適切な情報とアドバイスを提供することが、このホットラインの役割です」

続けてミシェルが言う。

「電話の多くは目撃者からで、自分の目にしていることが本当に虐待にあたるのかどうかを尋ねてきます。

本当に通報するべきかどうか確認したいのね。自分の正義にも支えが欲しいのです」

見方を変えれば、このホットラインは日々の無数の相談の中から、緊急性があって政府の児童局に通報すべきものと、そうではないものを振り分ける役目を担っているということだ。相談者がやみくもに通報するのではなく、冷静になって専門家の意見を聞き、正しい手順で行動がとれるようにする手伝いをしている。

実際、ホットラインが今受けているような、年間9万件の相談すべてには、児童局や警察の通報ダイヤルは応じきれないだろう。本当に助けが必要な緊急事案への対応にも遅れが生じてしまうかもしれない。

なるほど、これはいわば山に続く広い広い裾野なのだ、と私は思った。

児童虐待問題という山がある。

山のふもとには、なだらかな裾野が広がっている。

どこからが山なのかわからなくても、裾野はとりあえずアプローチしやすく、ごく普通の人々でも足を踏み入れやすいところである。

そこにチャイルドヘルプのホットラインがあり、人々の声をていねいに拾っている。地域社会の目撃情報や相談を受けとめ、必要な人に〝山〟へ向かう勇気を与え、背中を押している。


現在、日本に、こんな役割を果たしている民間の相談先はないであろう。

ホットラインのこの機能こそ、地域社会の人々が、児童虐待の問題に対して自分にも何かできることがあるかもしれないと考え、意識して周りの子供たちの様子を見るようになる土壌を支えているのではないか。

普通の人々の意識を底上げし、専門家任せではなく、みなで子供を見守り助けるのだと、住民たち自身が思える広い裾野をつくっているのではないか。

何か見つけたら、どんな些細(ささい)なことでも、目をつぶるのではなく、まずその場でホットラインに相談してみればいいのだから。

私は、ある会話を思い出した。

アメリカの感謝祭のディナーに招かれ、共に食卓を囲んだある夫妻との会話である。夫妻の友人が、突然、会社を辞め、NPOの社会事業団体を立ち上げたというのである。

その団体は、犯罪を目撃した際に、どのように通報すべきかを人々に教える活動をするという。働きかける対象は、個人経営の中小企業や小売店、地域住民である。

このとき、私は同じように首を傾げていた。警察への通報方法など、子供の頃に習うであろうし、また、一般常識でもある。それなのに、なぜ、あらためて教えたり学んだりする必要があるのか？

その夫妻は、こう話していた。

「確かに私たちは通報する方法を知っている。でもそれはその番号を押すことであって、何を、どのように伝えるべきかということではないわ。大人になっても、どう言えばいいのかはわからない」

「それに、通報したことで犯罪に巻きこまれる可能性もある。時と場合によって慎重にしなければならないことなんだ。その知恵を教えているんだよ」

私は、そういったアドバイスを行うこと自体がＮＰＯ団体の活動として成り立ち、かつまた一定の需要があることにも驚いたものだった。

ミシェルは説明を続けた。

「……だから、ここの相談員はみな、心理療法士の資格保持者なのです」

え？　ホットラインの相談員に、心理療法士まで置く必要があるのか？

私の顔にはそう書いてあったのだろう。ミシェルは、少しほほえんで言った。

「私たちのホットラインは、そもそも、右から左へと情報をつなげるだけの機械的なオペレーターではありません。心が通う場なのです。

相談に電話をかけてくる人たちの心というのは、迷いがあったり怯えていたりしています。だからこそ、相談者の心を支えてあげなければなりません。

心理療法の資格者というのは、そういった揺れ動く心というものに向き合うことに長けています。それでホットラインの相談員は、心理療法士たちが行っているのです」

参考までに述べると、日本の場合、２０１５年7月から政府の虐待通報ダイヤルが「児童相談所全国共通ダイヤル１８９（いちはやく）」になった。それまで10桁だった電話番号が3桁の緊急電話になったのである。

番号の短縮化によって、利用は急増したが、これは通報目的であり、有料通話であった。しかも、固定電話ならもよりの児童相談所にスムーズにつながるが、現在、最も人々が利用しているであろう携帯電話からかけると、いきなり機械音声のガイダンスが流れる。なぜなら携帯はかけてきた地域をすぐに把握できないため、適切な地域の児童相談所に転送するためには、最初に通報者が自分の位置を入力する作業が必要だからだ。

無機質な声に郵便番号や住所の入力が求められ、時間と手間を要するためか、当初は、通報のうち、実に4分の3が途中で切られてしまう状態であった。

緊急事態というのは、せっぱつまっているものだ。ガイダンスを聞いて冷静に入力することなどできない。

せっかく勇気を出して電話をかけているのに、長い自動音声に気持ちが萎えた。

そもそも通話料金の個人負担が重くのしかかって、容易に相談できない。

189に寄せられた多くの声はそう訴えた。

そこで2019年12月3日、厚生労働省は189の通話を無料とし、人間のオペレーターを配置して、管轄の児童相談所につながるまでを約30秒に短縮したと発表した。それは確かに朗報であろう。

が、このホットラインのような、地域の一般の人々という「裾野」への対応となるとどうだろうか。

たとえば「児童相談所相談専用ダイヤル0120（189）783」は21年7月に始まったフリーダイヤルで、子育てや里親、ヤングケアラーなど子供の福祉に関する相談先とされている。

ある意味、これが今のところ日本ではチャイルドヘルプのホットラインに一番近いものだが、虐待を案じる地域住民の声を拾い、通報する勇気を支えるというよりは、広く育児不安や出産の悩みなど、親側の事情を聞くことに重点が置かれているように思える。

そして、私はなおも考えていた。6歳のまさきの身になって。

というのは、このようなホットラインがあったとしても――。

まさきは、家を飛び出して泣きながら歩いているところを、幸いにも警察官に保護された。しかし、もしそうならなかったら、助けを求めて自らホットラインに電話できただろうか。

携帯電話の普及により、家に回線を引く固定の電話は激減している。親の携帯電話は、とてもではないが触れないだろう。こっそりかけたとしても履歴が残り、親に罰せられるかもしれない。

街の公衆電話も非常に数が少なくなり、見つけるのが大変なくらいだ。

ならば、まさきは、どうやって「SOS」を出せばいいのだろうか？

それには、やはりひとつしかないのである。

近所に聞こえるくらいに大泣きするか、家を飛び出して人通りの多い道を泣きながら歩き、誰かが気づいて助けてくれるのを待つしかないのである。

自分ではホットラインにもアクセスできない子供を、どうやって助けるのか？

まさきの身の上への答えは、そのときトルルルーッと鳴ったホットラインの電話が示してくれた。

ノースカロライナ州の、とある街角に立つ女性からだった。

きっと、その女性は耳に携帯電話を当てながら、ある親子の動向を遠くから目で追っていたに違いない。

今まさに、何かをしなければ、助けてあげなければと、かき立てられた口調でその女性は言う。

「食料品店の前で、母親がひどく子供を叱っているの。それがむごい叱り方なのよ。子供が泣いているのだけれど、今まで聞いたこともないような、大きな声で泣いているのよ。どうしたらいい?」

電話に応える男性の相談員が、落ち着いた声で言った。

「その母親は、子供を殴っているのですか?」

「今のところは、殴っていないわ」

再び、男性は静かな声で言った。

「では、その子に、傷や痣があるのが見えますか?」

「ここからでは、遠くてわからないわ」

「その母親は、子供を叱りつけているだけですか?」

「そう……でも、すごく声を荒らげているわ、それも、ひどい言葉で」

相談員は、淡々と言う。

「わかりました。では、よく聞いてください。いいですね」

「はい」

「新米の母親のなかには、子供の叱り方がとても下手な人がいます。一概に、それを虐待と判断できないむずかしさがあります。ですから、この親子には、今後も注意を払って見ていてくださいますか？

それで叩いたり、殴ったりしているのを目撃したら、すぐ州の児童局に通報してください。もし、その方法がわからなかったら、こちらに電話してください。正しい通報の方法をお伝えします」

街角の女性が、耳元の携帯電話をぎゅっと握りしめる様子が、頭に浮かんだ。

「今は、まだ児童局に通報しなくていいのね？」

「はい。まだ通報するのは早いです。まずは地域のなかで、その親子の様子を見守ることが大切です。ですからこれからも、その親子のことを見守ってくださいますか？」

「はい。でも、本当に、通報しなくていいのね？」

「はい、もう少し注視していてください。お願いします」

街角の女性は、落ち着きを取り戻し、うなずくように言った。

「わかったわ、そうするわ。また電話をするわね」

男性は言う。

「はい。私たちは、常にあなたたちのそばにいます。24時間365日、無料であなたを支えます。何かありましたら、すぐにお電話をください」

「ありがとう、親子を見守るわね」

「はい」


このやりとりは、私の脳裏で何かをスパークさせた。

これまでは虐待に気づかずに素通りしていた人々。

気づいても気づかぬふりをしていた人々。

それが、これなら泣いている子供に足を止めるかもしれない。「どうにかしなければ」と自然に思えるかもしれない。

かき立てられる心に蓋をするか、いきなり通報するかの苦しい選択肢ではなく、このホットラインがあれば、私たちにもすぐにできることがあると思えるから。

ミシェルは言った。

「手を差し伸べようとする人々の、その手や心が幻のものとなってはいけないのです。だからこそ、心理療法士によって相談者の心を支えていかなければなりません」

そして、彼女は続けた。

「ホットライン室は、初動につなげるための大切なスタート地点なのです」

ダファニーがここを心臓部と呼ぶ意味が、やっとわかった。

チルドレンズ・アドヴォカシー・センターは、虐待事件の初動であって、児童虐待をなくすスタート地点ではない。

すべての子供を救う真の起点は、ホットラインだったのだ。

私はミシェルに頭を下げ、この現場をもっと見せてほしいと願い出た。

彼女は、眉間にしわを寄せて目をつぶり、しばらく考えていた。

ホットライン室の現場には、厳格な守秘義務が生じる。それに、ちょうど新人教育を終えたばかりで、しばらくは彼らをサポートしながら電話応対を行うため、私のようなオブザーバーを入れる余裕がないと言う。

しかし、ミシェルは、しばらく唸（うな）った後にこう言った。

「わかったわ。あなたの国のためになるのなら、許可を出しましょう」

ホットラインの脈動の中へ

ただし、録音機もカメラも持たない丸腰でという条件だった。

ゆえにここからは、私の耳と記憶力のみで内部の様子を記述していく。

ミシェルは、私をホットライン室に招き入れると椅子を用意し、相談員に紹介してくれた。

相談員たちは少し怪訝な顔をしていた。ここは児童救済の最前線である。守秘義務もある。部外者を入れるなんて……と思ったのかもしれない。

物音を立てないように椅子に腰を下ろすと電話が鳴り、私は一礼をして相談員の電話口近くにそっと椅子ごと移動した。

「はい。こちらは、チャイルドヘルプ全国児童虐待ホットラインです」

第2章

ホットライン

通話が録音されることを伝え、会話が始まった。

カンザス州の、とある住宅街に住む女性からだった。

「となりの家の子なんだけれどね、ひどく叱られているところをよく見かけるの。ひどい泣き声もしてくるわ。それに、その子供はひどくやせていて、ちゃんと食事が与えられているのか、とても心配なのだけれど……どうすればいい？」

電話を受けた女性は言う。

「はい。地域の人が、地域に住む子供の様子を気にかけるということは、とてもいいことです。お電話をありがとうございます。これは一度、子供の様子をしっかりと確かめる必要があります」

そう言うと相談員はパソコンのデータベースからカンザス州の児童局を調べ、電話番号を伝えた。

住民女性は言う。

「私が電話するの？」

相談員ははっきりと言った。

「はい。あなたが今、私に言ったことをすべて、児童局の職員に話していただけますか？」

女性が即答した。

「嫌よ」

相談員は、落ち着いた様子で聞く。

「どうしてですか？」

女性はすぐに早口で応えた。

「役人は嫌いだからよ。役人は私のことをバカにするわ。あなたが代わりに話して」

相談員は、相変わらず落ち着いている。

「それはできません。今、あなたが隣人として目撃し、隣人としてその子供を心配しています。そのあなたが、もよりの児童局に電話しなければならないのです。あなたが目撃者なのです」

迷うような言葉が返ってくる。

「……どうしても、私が電話をしなければダメ？」

相談員の静かな声は、キッパリとした声に変わった。

「はい。あなたでなければなりません」

「……でも、恨まれると困るわ……近所なのよ」

相談員は言う。

「はい、よく聞いてください。地域の人が、地域の子供たちを心配することは、とても大切なことなのです。あなたの行動は正しいのです。自信を持ってください。あなたの勇気ある行動で、その子供の生活環境の改善につながるのです。信じてください」

少しの間、沈黙が流れ、そして意思を固めたような声が返ってきた。

「わかったわ。ここに電話をすればいいのね。電話するわね」

「はい。お願いします。あなたの行動は正しいのです。自分を信じてください。では、不安なことがありましたら、また電話をしてください。私たちは、常にあなたたちのそばにいます」

次の電話は、メリーランド州の高齢者施設からだった。

「他の州に住んでいる孫のことなんだけれど……。継父に暴力を振るわれているようで、心配をしているのです……」

「お孫さんが、継父から暴力を振るわれているのですね？」

「はい。時々、泣いて私に電話をかけてくるのです。親権を、祖父である私に移すにはどうすればいいのでしょうか？　私は高齢者施設で暮らしていますが、孫を養育するお金は持っていいます。危険な継父と暮らさせるわけにはいきません」

「はい、わかりました。子供を虐待から保護することや親権問題に関しては、州の児童局に相談しなければなりません。電話番号をお伝えしますから、ここに電話をしてください」

「どう話せばいい？」

「孫が暴力を振るわれていることを知っているならば、そのことを話してください。まずは、今ある危険からお孫さんを守らなければなりません」

「わかった。ここに電話をかければいいんだな。電話をしよう」


また別の女性の相談員へのコール。

それはイギリスからの電話だった。私は声をひそめながらも驚いてつぶやいた。

「イギリス！　国際電話ですよね？」

相談に応じている人の横の相談員が囁いた。

「私たちのホットラインは世界各国をカバーしているの。私は、タイからの電話を受けたことがあるわ」

私は、小さな声で尋ねた。

「国際電話代は誰が払うのですか？」

「もちろんチャイルドヘルプよ。全世界、どこからかけてきても支払っているのです」

受話器の向こうの女性は、イギリスの他州に住んでいる孫が心配でならないという相談だった。

「孫の父親が、孫に戦争のゲームばかりさせるのよ。銃で人を撃っていくようなゲーム。昼も夜も、夜中でもやっているようなの。親が正しい育て方をしないのは児童虐待ではないかしら？」

「暴力を振るったり、食事をさせなかったりということはありますか？」

「そういうのは、ないわ」

「学校へは行っていますか？」

「行っているわ」

「では、親がゲームをさせすぎているということを、心配しているのですね？」

「そうよ。親の間違った教育や思想の押し付けは、児童虐待と同じでしょう？」

「はい。子供が育つ環境はとても大切です。たとえ子供を愛していても、間違った教育をしていれば、それが子供にとって不幸になることがあります」

「早く、その孫の環境を変えてあげなければいけないわ」

「父親は、子供にゲームを強制しているのですか？」

「いいえ、強制はしていないと思うのだけれど、このままだと子供が間違った方法で育ってしまう」

相談員は時間をかけて話を聞きながら、データベースにあるイギリスの家庭相談所を検索する。

「あなたの心配は、よくわかります。大人が子供の成長を心配することは当然のことです。

そこで提案があるのですが、あなたの住む州の家族相談所の電話番号を調べました。そこに電話をしてみてください」

「家族相談所？　私の言っていることが児童虐待にあたらないと言うの？」

「そうではありません。ですがこれは、児童虐待という側面の前に、親子間の問題として考える必要があります。家族相談所はその専門です。必ず力になってくれることでしょう。この電話番号にかけてください」

「わかったわ。ここに電話するわ」

「はい。不安なことがありましたら、また電話をしてください。私たちは、常にあなたたちのそばにいます。お電話ありがとうございました」

相談員は「ふう」と一息ついて電話を切った。長いやりとりだった。

このホットラインにいる相談員は、総勢45人。

全員、心理学部を卒業した心理療法士の資格保持者だが、バックグラウンドはさまざまだった。

長年、病院の小児科で長期間入院している子供のカウンセリングを行っていた人や、スクールカウンセラーとして学童を見てきた人、心理治療クリニックで治療にあたっていた人など。相談員の多くは、すでに前職までに豊富な経験を積んでいた。

前職で10年間、ホームレスの親のもとに生まれた子供たちのカウンセリングを行っていたという、相談員のシェリーはこう言った。

「アメリカは、ホームレスの女性が産んだ子供たちの環境がとてもひどいの……。母親が薬物依存症で、子供が野生動物のように汚れていて、地面を這って生きているような親子を何人も見てきたわ……」

アメリカのホームレスの数は、およそ57万人。そのうち30%ほどが女性で、そのなかには多くの若い女性も含まれている。

ホームレスになる主なきっかけは、失業や住居の問題（何らかの理由で家を借りられない）だが、そこに至るには、多くの場合、背景に精神疾患や薬物問題がある。

着目すべきは、ホームレスの多くは配偶者や近親者による暴力を経験していることだ。

シェリーは言う。

「ずっと子供と顔を合わせてカウンセリングを行ってきたけれど、次第に自分の心が支えきれなくなったの。とてもつらい現実ばかりで、精神的に弱ってしまったわ。結局、その仕事を辞めて、それからしばらく何もできなくなってしまった。

でも、声だけですむホットラインならば、まだ自分にできるかもしれないと思ったの」

彼女は、今でも街で子供の顔を見るたびに、悲惨な状況下で暮らしていた子供たちの光景が脳裏に浮かぶという。

彼女は言う。

「私たちは心の専門家。でも気をつけないと、この児童虐待という現実は、私たちの心まで蝕(むしば)んでしまう恐れがあるの」

となりにいた若い相談員は、子供に1対1で心理療法を行う前に、経験を積もうとホットラインの相談員になった女性だった。

シェリーは、その彼女に言った。

「子供の顔を見ながらのセラピーは、本当に大変よ。目をそらしたくなるようなひどい事実と向き合っていかなければならない。自分の心を守ることができなければ、子供も守れないわ。がんばりなさいね」

ここの相談員たちは特別なトレーニングを受け、1人1日4時間の実務を担う。それを45人のスタッフで回し、24時間365日の対応を行っている。

各人4時間の理由は、時にひどい虐待の現実に向き合わなければならない相談員たちの精神状態を考慮しているためである。

シェリーは横須賀育ちで、フィリピン人の母親とアメリカ人の父親のもとに生まれた。子供の頃は日常会話程度の日本語を話していたけれど、今はほとんど話せない。日本の記憶はあまり残っていないようだが、唯一、子供の頃に見ていた日本のアニメを覚えていた。

彼女は、私と同様、日本アニメーションの世界の児童文学アニメを見て育っていたのだった。特に『アルプスの少女ハイジ』をよく覚えていると言う。

「あの話も、小さい頃に両親を亡くしてしまった女の子の話よね。でも、おじいさんとスイスの自然の中で元気よく暮らす話だった。あれは、いい話よね」

フラッシュバックが起こるほど、かつて子供たちのつらい現実を長く見てきた彼女は、最後にこう言って自身の仕事に戻っていった。

「ずっと現場を担当してきたけれど、子供の問題は、もっと大きな視点で、社会全体で考える必要があるの。ホットラインにはそれができる。社会全体の意識の底上げをして、子供たちに多くの手を差し伸べられる。今は、この職場に来て本当によかったわ」

文字から心を読み取る

チャイルドヘルプの電話ホットラインは、今日まで40年近く続いている。だが、2019年10月からは、新しい取り組みが始まった。それは「テキスト・チャット」による相談や通報である。

パソコンやスマートフォンに文字を打ちこんで会話する相互メッセージ機能は、すっかり現代の社会になじんでいる。SNSの普及はそれに拍車をかけた。
電話対応であれば、相談員による温かみのある言葉遣いで相談者の心を支えることができるが、SNSの普及にともない、人々が電話離れをしている現実にも対応することにしたのだ。

ホットラインにテキスト・チャットを導入した後、今まで以上に、多くの相談が寄せられてくるようになった。その多くが10代の子供たちからだという。知らない人とはうまく話せない、恥ずかしいと感じやすい多感な年代の子供たちに、テキストで会話するという行動は、あまりハードルを感じさせないようだった。
導入を決めたものの、蓋を開けてみるとホットライン側の対応は必死のものになった。子供たちの文字の打ちこみの速さに応えなければならないからだ。返信に時間がかかっていては、せっかく助けを求めてきた子供が離脱してしまう。そのため、新たに、打ちこみの速い相談員が必要になった。

テキスト・チャットで相談を受けている職員のデスクへ行くと、とても速い指さばきでキーボードを叩いている。やりとりは目まぐるしく、横から画面を読むことを許されたが、目が追いつかない。

打ちこみには、スペリングの間違いを瞬時に直してくれるアプリが使われており、誤字脱字だらけでも、パッと正しい文章になって相手に送られる。

職員が一息つけるのは、相談者側が考えて手を止めているときぐらいである。


「この子は悩んでいるようね……」

会話が止まってから、しばらく画面を見つめていた相談員のケイトリンは言った。

「テキスト・チャットは、電話よりもむずかしいわ。電話だったら、声の強弱や息遣いやらで相手側の精神状態などが把握できるけれど、文字だけではそれがわからない。それに、特に子供は多くの語彙を持っていないから誤解が生じやすい。それをうまくやらなければならないのよ」


見学していた相談が終わると、ケイトリンはこれまでの会話記録を見せてくれた。記録は共有されており、他の相談員が行った会話も見ることができる。

ケイトリンによると、テキスト・チャットの会話には、見過ごしてはならないキーワードがあるという。

「文字は電話と違って感情が見えにくいの。だから、相手の感情を読み取るためのキーワードを探しながら応えていくのよ」

今朝9時に対応したケースである。彼女は記録された会話の中で、目にとまる言葉を音読する。

16歳の女の子。ワシントン州。学校に行っておらずホームスクール。父親が暴力を振るう。

夜中に身体を触ってくる。今朝、パニックになって、死にたくなった。

「この、死にたいという言葉は、絶対に見過ごしてはいけないわ」

セラピストや心理学の人に相談したけれど、取り合ってくれなかった、とある。

「これは、少し虚言的ね。なぜなら、彼らには通報の義務がある。取り合ってくれなかったということはないはずです」

チャットの会話は、こう綴られていた。

「なぜ学校に行っていないの?」

「少しだけ行ったけど、性格に合わない」

「父親の暴力や性的虐待は、いつから?」

「1年ほど前」

「そのときは学校に行っていた？」

「行っていた」

「学校の先生に、虐待のことは話した？」

「話したけど、あいつらはクソ。何もしてくれなかった。だから学校は嫌い」

ケイトリンは言った。

「またこれも、虚言的だわ。教師には、厳しい通報の義務がある。通報しなかったら、クビよ。職を失うわ」

「父親の暴力や身体を触られることは、児童虐待にあたります。児童局に連絡しなければなりません。今、あなたの住所近くの児童局の電話番号を調べますね」

「……」返信が止まった。

ケイトリンが言う。

「ここにタイムスタンプが出るでしょう？　時間がかかっているということは、迷っているのね」

しばらくして、会話が続けられた。

「児童局には言いたくない」

「でも、パニックになって、死にたくなったのでしょう？　それはトラウマといって、心が悲鳴を上げている証拠です。正しい助けを求めてください。それは児童局に自ら話すことです」

「イヤ。話したくない」

「では、トラウマについてのグループセッションがあります。その情報を送ります」

「はい」

ケイトリンは、その文を指さして、説明をした。

「これは、相談員が方向転換をしたのね。児童局には連絡したくないと言っているから。それに、少し虚言が見られるから、児童局への連絡を強く推(お)さないことにしたのね」

やりとりは続く。

「それと、あなたが自殺したくなったというのは、とても心配です」

「自殺防止カウンセラーを紹介します。その情報を今調べているから、待ってください」

「はい」

「あなたは、自分で助けを求めて、自分で自分のことをケアすることを覚えなければなりません。それができますか？」

「はい。やります」

「では、学校には、いつごろ行けそうですか？」

「いつか行きたいです」

「学校は嫌いかもしれませんが、ダメな教師ばかりではありませんし、あなたのことを大切に思ってくれる友達ができるかもしれません。学校に行くことを諦めないでください」

「はい」

「あなたのことは、みんな、大切に思っているのですよ」

「はい」

「助けを求めることを諦めないで」

「ＯＫ！　ありがとう。児童局に電話するわ」

ケイトリンが、文を指さして言う。

「ここで、この子は元気が出てきたようね」

「自分で電話できますか？」

「OK！　できるよ」

「あなたの勇気を信じています。ホットラインに相談してくれてありがとう。この番号は、24時間365日無料です。相談員はいつでもここにいますから、不安なことがあったら連絡してください。私たちは、あなたのそばにいます」

「OK！　ありがとう！（笑顔マークが3つ）」


私は言った。

「これは、ただ話したかっただけのように見えるけれど……」

ケイトリンが言う。

「そうね、そうかもしれないわね。本当に、児童局に電話をするかどうかはわからないわ。でも大切なことは、彼女に正しい情報を提供することです。そして、次のステップまで応援していくこと。私たちは、虚言だからと疑ってはいけないのです」


もうひとつのケースも、同じく16歳の女の子だった。

「学校に行かせようとして母親が怒鳴るの」

「暴力を振るう。それは虐待だ！　母親から虐待を受けている！」と相談員に訴える。

「なぜ、あなたのお母さんはあなたを学校に行かせようとするのですか？」

「いつまでも寝ているから」

「では、早く起きればいいのではないですか？」


ケイトリンは言う。

「これは、躾と虐待とを見わけてアドバイスしなければならないわ」


「早く起きられない」

「なぜ？」

「起きられないから。起きられない」

「学校に行きたくないの？」

「行きたいわよ。友達がいるし」

「では、早く起きて学校に行けば母親は怒らないのではないですか？」

「だから、早く起きられないの。そしたら、母親が部屋に入ってきて、怒鳴って私を叩くの」

「早く起きてほしいから叩くのですか？」

「そうよ。でも、親は子供に暴力を振るってはいけないでしょう？　子供への暴力は、虐待だわ！」

「朝、ご飯は食べさせてもらっていますか？」

「勝手にシリアルか、パンを食べてる」

「では、朝早起きしても、母親が暴力を振るうようであれば、児童局に電話してください。今、電話番号を調べますね」


ケイトリンが、指さして言う。

「ここで、プツンと一方的に切られたようね。返信がまったくなくなる」


しかし、相談員の書きこみは続いていた。

「これが、あなたの近くの児童局の番号です」

「もし、電話をかけることが不安ならば、あなたの近くで相談に乗ってくれる人を探してください。親戚の人や、学校のスクールカウンセラーに話してください」

「まだ、そこにいますか？」

「何か不安なことがありますか？　何でも言ってください。ここにいます」

「あなたは、そこにいますか？」

「他に悩んでいることがありますか？」

「そこにいますか？」

「私はここにいます。不安なことがあれば、言ってください」

「では、あなたは、そこにいないようなので、この会話はここで終了します。このホットラインは、24時間365日、無料です。何か心配事があれば、すぐにも連絡をしてください。私たちは、あなたのそばにいます。ありがとうございました」


呆れた。私は言った。

「これは、ただ朝が起きられない、だらしないティーンエイジャーの不満ではありませんか？」

「そうね、そうかもしれないわね。でも、この子は何が虐待にあたるかを知っているようね。それは、とても大切なことだわ。知らずに我慢してしまう子供も非常に多いのです」

次は、真夜中の2時ごろに対応した15歳の女の子である。

「眠れない。眠るのが怖い。悪夢を見るから」

「よく悪夢を見るのですか？」

「よく見る。義父の夢を見る」

「義父のどんな夢を見るのですか？」

「私を怒ったり、叩いたり。子供の頃に、夜になると義父が私の身体を触ってきたの。そのときの夢……」

「今も、義父はそれをするのですか？」

「母は離婚して、義父はもう家にいないけれど、まだいるような気がする。義父はこの住所を知っているから、また来るような気がする」

「住所はどこですか？　私たちには守秘義務がありますから、外部にはもれません。あなたの住所の近くで、あなたの助けになる情報を探します。住所を教えてください」

「子供の頃から、夜になるのが怖かった。今も怖い」

「はい。私たちは、あなたのそばにいます。眠れないときは、どうしていたの？」

「泣いていた」

「学校は、行っているの？」

「行っている」

「友達は？」「どんな友達？」

「いつも、アニメの話をする友達」

「あなたの悩みを話せる友達ですか？」

「話せるけど、継父にされたことは、言ったことがないし、言えない」

「では、心理治療ということを知っていますか？」

「少しだけ。言葉は聞いたことがある」

「あなたは、義父に傷つけられた心のケアをしなければなりません。心理療法やグループセッションはその助けになります。あなたの住所の近くのセラピストやグループセッションの情報を送るわね」

「はい」

この会話は、とても長く続いていた。

対応にあたった職員は、心理療法士の資格があるため、その治療の必要性を明確に伝え、どういった内容の治療法があるかを伝えていた。

ケイトリンは言う。

「ここに、私たち心理療法士がホットラインの相談員をする意味があるのです」

そして、最後に強く伝えられていたのは、こんな言葉だった。

「助けを求めてください。そして、勇気を出して話してください」


まだ30代という若い相談員のローラが、はつらつとした明るい笑顔で私に言った。

「質問があったら言ってね。私にわかることだったら協力するわね」

そう言うと、ローラは室長のミシェルに、私に見せたいものがあると許可を求めた。

それは、彼女自身の相談対応スキルの向上のために、他の相談員たちの会話記録をプリントアウトしてまとめた分厚いファイルだった。一枚一枚、受験生のノートのように赤ペンでポイントが書きこまれ、付箋が付けられている。

実際の会話内容は、パソコン内に30日間保管された後、自動消去される。守秘義務があるため、オフィスの外には持ち出せない。つまりこのファイルは、ローラの勉強のためだけに許されたものだった。

ローラは言う。

「日本の児童福祉の現場がよりよいものになってほしいから、これをあなたに見せてあげるわね。ここには、学ぶべきことが多くあると思うの」

ミシェルが言う。

「テキスト・チャットを導入したことによって、ホットラインの性質がこれまでとは違ってきているのです。今までは、目撃者からの通報相談が多かったけれど、テキスト・チャットになってからは、自身の虐待経験を告白する内容が増えているのです」

ローラは言う。

「テキスト・チャットのおかげで、今まで以上に多くの人に手を差し伸べられるようになったの。それも、過去に遡った被害者まで」

彼女は本当に勉強熱心なようで、「大切」と記した赤ペンの文字や蛍光ペンの印がぎっしり並んでいる。私の記憶に留めることができた範囲だが、印象的だったものを記していこう。

▼ファイル① 15歳の少女

父親から物で殴られたり、蹴られたりする。父親からレイプされ、自分が嫌でたまらない。自殺したいと思う自分が心配でたまらない。衝動的に死んでしまいそうな自分が怖い。

ローラは、赤ペンでこう記していた。

［これは、自殺願望ではない。感情のコントロールができないことへの不安］
対応相談員の言葉は、こう綴られていた。
［これは、児童虐待にあたります。問題を解決するには、児童局に相談をする必要があります。あなたは15歳です。自分で話すことが重要です。勇気を出して、すべてを話す必要があります。そして、心のケアが必要なことを伝えてください。我慢しないで、助けを求めてください］

▼ファイル② 14歳の少女

友達を心配して相談。部活動で着がえをしていたときに、友達の身体に痣があることを発見。友達は、自分が悪いから親を責められないと言っている。

ローラは、赤ペンでこう記していた。
［虐待を受けている多くの子供たちが、親ではなく自分を責める。でも、子供は悪くないということを知ってほしい。その子は悪くないのだから、助けを求めることを勧める］
相談員の言葉は、こう綴られている。
「その友達と話して、まずは学校の先生やスクールカウンセラーに話してください。彼らには、児童局に通報する義務があります。そこから問題解決へのスタートを切ることができます。友達のために行動することは、とても素晴らしいことです。自信と勇気を持ってください」

▼ファイル③ 15歳の少女

親のアルコール依存で自分や兄弟たちのケアができていない。自分は兄弟たちの世話をしているけど、疲れてしまって気が狂いそう。勉強に手がつかず、将来の夢が叶えられないかもしれない。そんな未来が不安。

ローラの赤ペンは、つぶやきのように書かれていた。

[この子の将来の夢を、守らなければ……]

相談員の助言は、こう綴られている。

「これは、児童虐待の定義の中のネグレクトにあたります。あなたの生活環境を、いち早く改善しなければなりません。そのためには、児童局に相談をする必要があります。兄弟たちの将来と、あなたの夢の実現のために、それが正しい行動です。あなたはまだ15歳ですが、あなた自身で、この状態を打開するしかありません。あなたにはできます。夢を持っているのですから」

▼ファイル④ 15歳の少女

学校で何が虐待かを習って以来、6歳くらいの頃に叔父に身体を触られたことを思い出した。その記憶がよみがえって、自分が汚らしく思えて眠れない。石鹸で身体を洗っても気持ちが悪くて、死にたい。親には言えない。母親は私を汚いと思うかもしれない。

ローラの赤ペンは、

［学校で児童虐待について習うことが広がっていて嬉しい……。幼児期の被害が後になって、自分を苦しめる。事実を打ち明けなければならない。その後の親子関係をしっかりとサポートしなければならない］

相談員は、こう助言していた。

「あなたには心のケアが必要です。トラウマという症状には、大人になっても悩まされてしまいます。勇気を出して話すことが必要です。児童局に相談してください。母親はショックを受けるかもしれません。でも、それは娘を思う心からくるものです。ですから仕方のない感情です。でも、一緒に闘ってほしいと言ってください。親子で闘うことが大切です」

▼ファイル⑤ 50代の男性

今、50代半ばだけれど、11歳の頃に受けた性的虐待のトラウマに悩まされている。自分は被害者なのか？　あれは、やはり虐待だったのか？　自分がわからない。そう考えはじめると苦しくて仕方がない。

ローラの赤ペンは、こう記していた。

「男性の性被害者、子供の頃の遠い記憶に悩まされている。むずかしい……」

相談員はこう綴っていた。

「あなたは被害者です。たとえ子供の頃の遠い記憶でも、それはトラウマとなっていつまでもあなたを傷つけていきます。適切な対処を求めてください。助けを求めることは恥ずかしいことではありません」

相談者からは、こんな返信がされていた。

「ありがとう。自分が被害者である認識ができた。それだけでも気が楽になった。私は心の治療をしたいと思います。その方法を教えてください」

ここまで読み、私の心はいっぱいいっぱいいっぱいになって疲れ果ててしまった。

ミシェルが私のところに来て言った。

「だから私たちは4時間交代なのよ。あなたも帰ってリフレッシュしなさい」

私はミシェルに尋ねた。

「ホットラインのスタッフが心を病んでしまうことはありませんか？」

彼女は言う。

「私たちは、そのことに細心の注意を払っています。ここにいるセラピスト同士で、お互いを観察し、協力し合っています。私たちの仕事は相談者の心を支える仕事です。でも、私たちにも支えが必要なのです。社会も私たちも、支え合っていかなければならないのです」

自分の勉強ファイルを見せてくれたローラは、後日、この部門の統計担当者として相談者の集計結果を教えてくれた。導入後まもないテキスト・チャットは、現時点では10代の女の子からの相談が半数以上を占めている。

ローラは言う。

「興味深いのはね、スマートフォン利用者が多いということです」

私は尋ねた。

「相手が、パソコンなのか、スマートフォンなのか、わかるのですか？」

ローラは答えた。

「チャットはパソコンから。テキストはスマホからよ」

テキスト・チャットによるホットラインは、受けた時点で相手が打っているのがパソコンからか、スマホからかがわかるようになっているという。

私は勘違いをしていた。一般的に、英語で「テキストチャット」と言えば、「文字によるおしゃべり」という意味だ。しかし、ホットラインでは2つを呼び分けていたのだ。

その区別には、大きな意味がある。

パソコンからなら、その相談者は自宅や学校、図書館などのパソコンを使い、落ち着いて座って書きこんでいるだろう。いっぽう、スマホからなら街角やレストラン、喫茶店、さらに言えば、歩きながらでも書きこみできる。

ということは、スマホでの通報や相談には、外出先で虐待が疑われる状況を目撃して、その場で反応している可能性があるということだ。

また、虐待の被害者はなにげない街の風景の中、遊ぶ子供や親子の姿を目にして自分の経験がフラッシュバックし、突発的な不安に襲われることがある。そういう思いがけない心の動揺にも、テキスト・チャットのホットラインは即座に応えられる。

事実、主に若い世代が街角で足を止め、相談したり通報したりするケースは劇的に増えている。彼らの打ちこみは非常に速い。対応できる職員を、もっと増やさなくてはならない。

ローラは言う。

「これらの統計は明らかに示しているわね。これからのホットラインは、時代に合わせて進化しなければならないってことを――」

クリスマスの夜も私たちはそばにいます

クリスマスが間近だった。

フェニックス市はメキシコに近い砂漠地帯であるから、クリスマスといっても『マッチ売りの少女』の世界とは大違いで、人々の口からは、「暑い……」「太陽がギラギラと眩しい」「雪が恋しい……」と、ため息がもれる。

街角やショッピングモールのクリスマスツリーを見てもあの白いふわふわの、雪を模した綿はのっていない。それが私にはなんとなく物足りないが、多くのアメリカ国民は一年で一番楽しみにしている季節であるから、とにかく街や人々のエネルギーにはすさまじいものがある。どの店もクリスマス商戦でごったがえし、流れるBGMはクリスマスソング漬けだ。

ショッピングカートにパーティー用であろう冷凍ピザや炭酸ジュース、チップス菓子を山のように入れている人、丸焼きにするチキンやターキーをドカンと乗せている人、子供のおもちゃでいっぱいの人、さまざまに幸せそうな親子や家族が行き交う。

そのにぎやかな光景の陰で、笑顔ではなく悲しみの中で、この日を迎える子供たちがいる。

ホットラインは、24時間365日対応である。

けれどクリスマスは、相談員たちもまた大切な家族と過ごす日であるから、この日だけは相談員の自宅にホットライン回線が引かれる。家の中で、守秘義務が厳守できる仕事環境をつくったうえで、ホットラインは継続される。

クリスマスイブ、そしてクリスマスの日には、どんな通報や相談が来るのだろう。

私は2日間の担当者たちに、クリスマス後、アンケート形式で答えてもらう約束をしてもらった。

私自身はクリスマスには日中ずっと調べものをし、午後3時に教会の礼拝に行った。伝統的なミサではなく、ステージの上にロックバンドが立ち、ギターやドラムの生演奏で讃美歌を歌う。

教会では、知らない人でも前後左右、となりの人と挨拶をして握手を交わすのが習慣である。

私もそれにならい、挨拶をして、ポップに歌う讃美歌を楽しんだ。

そして、回ってきたバスケットに少しばかりの寄付を入れて帰ろうとすると、となりにいた老夫婦と、その友人だという中国からの留学女性が、私に声をかけた。

「あなたは、ひとりなの？」

「そうです。仕事の関係で、ひとりで滞在していますから」

するとと、老夫婦は私の背中に手を当ててこう言った。

「あなたのために祈りたいのだけれど、いいですか？」

私は思わず聞き返した。

「私のために祈ってくださるのですか？」

老夫婦と女性がほほえんでいた。

「この日は特別な日です。だから、私たちはあなたのために祈りたいのです」

3人は私の肩や背中に手を当てて目をつぶり、もういっぽうの手を天に差し出し、祈りはじめた。そして、それが終わると温かいハグをしてくれた。

となりの席にいあわせただけの、知らない人だった。でもその人たちは私のために祈り、ぬくもりを感じさせてくれた。


そのことは私に、この取材を始めた4年前、フェニックス市内の食料品店で出会った「優しさ」についても思い出させてくれた。そのときも、クリスマスに近い頃だった。

ちょうどレンタカーの返却期限の前日で、車があるうちに1か月分の食材を買いこんでおこうと、私はショッピングカートいっぱいに肉や野菜、米、ヌードル、シリアルなどを入れてレジのバーコード精算機を通した。

ところが、クレジットカードで支払いしようとすると、認証操作を行った店員が「クレジットカードが使えません」と言うのである。

そんなはずはない。引き落とし口座の残高も十分にあるし、直前には別の店で服も買っている。そのときもカードで支払った。だから何度も試したが通らない。精算機を通した食材が山をつくっている。合計金額は150ドル（約1万6000円）を超えていた。

「ちょっと家に戻って、もう1枚のクレジットカードを持ってきます」と言ったが、店員は頭を横に振る。

するととなりで待っていた男性が「私のカードを通しなさい」と言う。彼は手にジュースとチップスとサンドウィッチを持っていた。彼は再び言った。

「これを通しなさい。私が彼女の分をすべて支払います」

私のトラブルで彼はずいぶんと待たされたはずだが、その私を助けようというのである。

私は即座に言った。

「それはダメです。あなたに支払わせるわけにはいきません」

「いいんだ。私のものを通しなさい。私が支払います」

私はオロオロした。

「でも、見ず知らずの人に支払わせることはできません。せめて、あなたの名前と住所を教えてください。あとでお金を持って行きますから」

彼は言う。

「いいんだ、そんなことをしなくても」

私は混乱するばかりだった。どうすればいいの？　と、店員の顔を見ると、店員はほほえんで言った。

「あなたは彼に、ただ『ありがとう』と言えばいいのですよ」

私は彼の顔を見つめ、手を取り、「ありがとう」と頭を下げて言った。

「このご恩は決して忘れません」

そう言うと、彼はこう言ったのである。

「恩は私に返さなくてもいいのです。今度は、あなたが誰かに優しくしてあげてください」


この取材中、多くの優しさに出会った。

今回のクリスマスの夜も、いろんな人がひとりで滞在している私を家族や親族が集まるディナーに誘ってくれた。

後日、ミシェルがアンケートの回答をメールで送ってくれた。

クリスマスという特別な日に、寄せられた相談内容である。

［自身の虐待被害について］

・10代の女の子。クリスマスで親族が家に泊まりに来ている。夜になって、その親族がベッドの中に入って来て、犯されそうになった。助けてほしい。その親族は明日も泊まっていく。

・以前、性的に触られたことがある親族の家に、また泊まりがけで行くことになった。顔を合わせたくない。再び強要されるのではないかと恐ろしい。

・クリスマスなのに、親は自分たちを置いてどこかに行ってしまった。今、子供だけで家の中にいる。ホームアローン。

・親が薬物依存症で、自分たち兄弟を放りっぱなしにしている。クリスマスがまったく楽しくない。どうにかしてほしい。

・親の様子がおかしい。苦しんでいる。どうすればいい？（これは、親が薬物の過剰摂

取により、合併症を起こして苦しんでいるようだったので、隣人に頼んで救急隊員を呼ぶことになった）

・自分がＬＧＢＴであると告白してから親に嫌われ、無視が続いている。家族なのに孤独感に苦しんでいる。

［目撃者や親族からの相談］

・他州の親戚を訪れたときに、子供を虐待しているところを目撃したのだけれど、やはり通報をするべきなのか？

・クリスマスだから親族の顔を見に行ったのだけれど、どうやら育児放棄のような環境だった。通報したほうがいいのかどうか、わからない。

・孫が心配。自分の子とはずいぶんと会っていない。孫がちゃんと育てられているのか、心配で夜眠れない。話を聞いてほしい。

・小さい娘の将来が不安でたまらない。その娘が、今後、どんなクリスマスを過ごすのかということを考えると、眠ることができない。

［虐待サバイバーからの相談］

・子供の頃に別れて以来、長い間会っていない親を、クリスマスだから訪ねることになった。とても不安で困惑している。
・小さい頃に受けた虐待のトラウマが理由で、ずっとひとりで生きてきた。誰かと話していると、安心感が得られる。話を聞いてほしい。
・今まで本当の親だと思っていたのに、赤ちゃんのときに、実の親から離された事実を突然伝えられた。クリスマスなのに家族が信じられない。どうしていいかわからない。
・クリスマスを家族と過ごすことになっているが、私を捨てて、支えてくれていない家族との疎外感に苦しんでいる。

クリスマスの相談を受けた2日間の感想を聞いた。

相談員A。

「メディアは、ホリデーシーズンに幸せな団結した家族像をしきりに流す。でもその陰で、悩み苦しむ人が多くいて、この時期には特に圧倒される。そういったメディアの商業的宣伝が、彼らのトラウマの引き金になってしまったとき、このホットラインがあるのは、とても素晴らしい」

相談員B。

「虐待から生き残った成人からの相談が、いつもより多かった。話を聞いてほしいようだった。ホットラインはとても心温かい場。電話やテキスト・チャットのいずれかを選択できることで、ホリデーシーズン中に困っている人がアクセスしやすくなり、癒やしが必要な人に貢献できている」

相談員C。

「ホットライン中にメリークリスマス、ハッピーホリデーと言ってほしかったようで、そう言うと、とても喜んで感謝していた。クリスマス休暇中のホットラインの仕事は、とてもやりがいがある。彼らにとってとてもつらい季節になるので、1日を乗り切るために必要なサポートとツールを提供できて嬉しい」

相談員D。

「受けている電話内容自体には、特に違いはないと思います。身体を触られたというものだったり、虐待らしきものを目撃したが、どうすればいい？　というものだったり。でも、クリスマスホリデーということで、特に感情的なような気がした」

相談員E。

「クリスマス休暇は特に大変な時期だと思います。なぜなら、それは楽しい家族たちのための季節であると想定されているから。ホリデーシーズンといっても、虐待者は休憩を取りません。多くの場合、犠牲者にとっては特に厳しい時季になります」

アンケートに特筆してあったのは、クリスマスホリデーということで親族宅に滞在しているときに起こる性的虐待がとても多いということだった。

相談員たちは、瀬戸際の相談を立て続けに受けていた。

家族や親族で過ごすことが奨励されるクリスマスホリデーの陰に、幼い子供たちへのリスクが潜んでいるのである。

また、遠くに住む家族や親族を訪問することが多くなるこの季節には、親族によって虐待や育児放棄の兆候が発見され、相談されることが増える。

クリスマスの夜には親の薬物、アルコールの摂取が増え、育児放棄につながることも特徴として見られた。

この日、相談員たちは、対話の最後に、いつもとは違う一言を付け加えていたという。

「メリークリスマス。クリスマスの日も、私たちはあなたのそばにいます」

発見して掘り起こすのは私たち

ホットライン室長のミシェル・フィンガーマンは大学で心理学を学び、心理療法士の資格を取り、スクールカウンセラーとして長く学校で働いていた。

学校現場で多くの児童を見てきた彼女は、学校という存在の無力さを感じたという。

ミシェルは言う。

「私は、学校で多くの虐待を受けている子供たちを見てきた。でもね、学校は何もできないのです。児童の身体に暴行痕を見つけた教師からスクールカウンセラーのところに、児童が連れてこられる。でも、スクールカウンセラーは、その子を連れて、今度は児童局の保護員のもとに連れていくだけ。実際に問題を解決するのは児童局と警察よ……」

ミシェルは苦しんでいる子供たちを目の前で見てきたからこそ、手応えのあるサポートをしたかった。

彼女は言う。

「ホットラインは、学校に限らず、全国の子供たちとつながることができる。スクールカウンセラー時代にはできなかった、子供の心をしっかりと支えるということが、今はできるのです」

学校を辞めたミシェルは、その後長くチャイルドヘルプのホットライン相談員として働き、現在は室長として新しく採用された相談員の教育を行い、どうアドバイスすればよいか悩むケースの相談に乗っている。

当初、ミシェルに案内され、オブザーバーとしてホットライン室に入った私は、相談員から歓迎されていない雰囲気を感じた。真剣な場だからこそ、私の存在が相談の邪魔になるのではないかと、彼らは懸念していた。しかし、時間がたってみなと打ち解けてきた頃、私は彼らとこんな会話をすることができた。

私は、彼らにこう言った。

「今、日本は、児童相談所が何度も介入しているにもかかわらず、子供が死んでしまう例がいくつもあります」

相談員たちが答える。

「それは、アメリカでもよくあることです。とてもよくあるケースです。保護現場での判断ミス。家に帰しては危険なのに再び帰してしまった。そのような判断ミスは、アメリカでも本当によくあるのです」

「そうね……。誰も子供を親から離したくないのよ。誰だって親子は一緒に幸せになってほしいと願っている。だからきっと、日本の児童相談所もそういった判断になったのでしょう。本当に、保護判断というのはむずかしいものなのよ」

「でもね、だからこそ地域の力が必要なのよ。地域のみんなで子供を守る力。何度も何度も、子供はダメな母親や父親のもとに帰されるでしょう。家族や親子の修復には時間がかかるものです。だから、地域で子供や親子を見守る力が必要なのです」

そして、相談員たちは言う。

「赤ちゃんや、言葉をまだ知らない幼い子、そういう子供たちがアパートの一室で育児放棄をされているとしたらどうでしょう？　誰かが気づいてあげなければならない」

児童虐待の問題は、家庭という密室で起こり、社会の陰に深く埋もれている。虐待をする親は、社会とあまりつながりを持たないことも多い。

乳幼児や言語の未発達な幼い子供は、自分で助けてとは言えないし、性的虐待の被害者の多くは、口止めをされていたり、心を閉ざしてしまっていたりして、事実を話すことができない。

それに対して警察や児童局は、苦しんでいる子供をわざわざ自ら探し出して救済を行うというような機関ではない。それらは、あくまで通報された虐待事案に対処するという公的な機関だ。

相談員たちは言う。

「地域の無関心は、虐待を受けている子供たちを、より地の底に埋めてしまう。埋もれている子供たちを発見し、掘り起こしてあげられるのは、地域の市民なのです」

ミシェルが言う。

「ホットラインは、人々の意思を支え、勇気を与え、その地域の底支えをすることができます。チルドレンズ・アドヴォカシー・センターのような初動の活動には、警察や検事、フォレンジック・インタビュアーのようなプロたちがいる。でも、そのプロたちの初動につなげるのは、虐待から子供を救いたいという、市民一人ひとりの意識なのです」

そして、ミシェルは語気を強めて言った。

「虐待を止めるのも子供を救うのも――地域の力よ」

私はミシェルが差し出した、大人に配るためのリーフレットを手に取った。

そこにはこう書かれていた。

完璧じゃなくてもいいんです。だから、私たちがいるのです。

ホットラインに相談してください。

第3章

サラとイヴォンヌ

二人のCEO

チャイルドヘルプを語るうえで欠かせない人がいる。

創立者であり、今も最高責任者である二人の女性、サラ・オマーレとイヴォンヌ・フェダーソンである。二人は共に85歳である（2019年取材時）。

実は私は、この二人に会いたくてチャイルドヘルプの取材を始めた。

きっかけは、アメリカのサイトで彼女たちの業績を知ったことからだった。二人は1950年代にそれぞれデビューしたハリウッドの女優だったが、その後、アメリカ最大の民間児童救済組織を共に立ち上げた。

その原点には、終戦直後の日本があった。

調べれば調べるほど興味が湧いた。

といっても、私につてがあるわけではない。正攻法でいくしかない。

私は、チャイルドヘルプにメールを書いた。

最初の頃は、何度メールを送っても「お問い合わせありがとうございます。寄付はこちらからできます」という自動返信が送られてきた。でもある日、見慣れないメールが届き、それはチャイルドヘルプ本部のダファニーからだった。

すぐに返事を出した。今すぐ航空券を買います。まずあなたに会いに行きます。とにかく会いに行きますから、と。

本当にアリゾナ州のフェニックス市までやってきた私に、ダファニーは目を丸くしていた。彼女はその２０１６年以来、私の取材の窓口となってくれ、ランチを共にする仲になった。

それでも、サラとイヴォンヌとの面会はなかなか叶わなかった。彼女たちは80歳を超えてもアメリカ中を飛び回り、猛烈な忙しさの中にあった。

サラとイヴォンヌの功績は世界で認められ、エリザベス女王やローマ法王をはじめ、欧米諸国から称賛されている。ノーベル平和賞には、2006年から毎年のようにノミネートされている。彼女たちは世界中の児童福祉の関係者たちの希望であり、カリスマでもあった。

私はいわば、雲の上の人に会いたいとリクエストしていたのだ。ある意味、無謀だった。門前払いでもしかたない立場だったが、どうしても諦めることができず、ダファニーとつながりができた後、パソコンを開いて1通の手紙を書いた。サラとイヴォンヌに宛てて。

手紙には、会ってほしいという願いとともに、私の母の境遇を書き綴った。

それは、サラとイヴォンヌにつながる、私の人生の原点でもあった。

富山大空襲

私の母は1945年1月生まれ。

生後7か月で、8月1日未明の富山大空襲に遭い、孤児同然となった。

第3章
サラとイヴォンヌ

富山大空襲は、あまり知られていないが、都市破壊率99・5％という、地方都市への空襲の中で最悪の記録を残している空襲である。

広島と長崎の原子爆弾による被害を別にすると、東京大空襲に匹敵するほどの破壊を受けた。市街地には、2時間ほどで52万発以上の焼夷弾が落とされたという。投下弾数について言えば、東京の約38万1300発よりも多いことに着目してほしい。

富山に向かうアメリカ第20空軍307戦略爆撃団、B29爆撃機173機に積まれた爆弾は約1465トン。平均して6畳に1発。市街中心部では1畳に1発の焼夷弾が落とされた。真夜中の、空襲警報が解かれた後のことだった。

日本の本土空襲を指揮し、「みな殺しのルメイ」と呼ばれたカーチス・ルメイ空軍大将。彼の行動日記にはこうある。


8月2日。

昨夜の空襲は、第20空軍から最大の兵力を送り、855機のB29によって、5つの標的に、6500トンの空中爆撃を行い、よい結果であったとの報告を受ける。（ア

メリカ議会図書館収蔵 Curtis E. LeMay papers）

5つの目標とは、富山市の他、同じくこの日空襲に遭った長岡市、水戸市、八王子市、そして八王子市内の主要鉄道への重爆撃のことである。

この第20空軍は、その5日後に広島、8日後に長崎に原爆を投下する第509混成部隊も有していた。

小さな地方都市に、なぜそのようなすさまじい空襲が行われたのか。

富山チューリップテレビ製作のドキュメンタリー『わすれない富山大空襲70年目の証言』によれば、その答えは、アメリカ国立公文書館に所蔵されるひとつの映像に示されている。

8月1日、富山市に出撃する前、グアム、ハーモン基地で行われた空軍創設記念式典の様子。B29爆撃機を背に並ぶ兵士。その前で、将帥がスピーチをする。

それは「この日の空軍記念日を祝して兵力を2倍にする」と宣言するものだった。後にトルーマン大統領は8月1日を正式に「空軍の日」と定める。

この夜の爆撃は、空軍兵士にとって、記念日に捧げる手柄のようなものだったと断言できる。なぜなら私も、富山大空襲と同じ日に東京・八王子市内の鉄道破壊を担った、462特別重爆撃団の報告書の中に、その一連の文字列を見つけたからだ。

この最大兵力が投入されたミッションは——、空軍の日を記念したものである(This mission was in honor of Air Force Day.)。

富山チューリップテレビはこの空襲を「祝賀爆撃」と表現した。

その爆撃の下、富山市の人々は逃げまどった。家は簡単に燃えあがり、外へ出ると降り注ぐ鉄の塊の直撃を受けて即死した。散らばる焼夷弾の炎は乾いた南風にあおられて、すぐさま大火となった。それは巨大な火災旋風(竜巻状の火柱)となって市街をのみこんでいった。

火災旋風の熱は1000度を超えるともいわれる。防空壕に隠れた人々は、そのまま蒸し焼きになった。旋風を受けた人は肺を損傷し、窒息死をした。市中を流れる神通川は、川面を流れる焼夷剤の油で川ごと燃えた。そこにいたおびただしい人の群れは悶(もだ)え苦しみ、折り重なって川底に沈んでいった。

私の母は乳母車の中にいたという。大混乱の中、母の母（私にとっては祖母）は必死で走っただろう。火災の中心地から少し離れていたために、親子揃って生き残ることができたが、どのように逃げたのか、今はもう知る人がいないのでわからない。

神通川の河口近く、富山湾の海岸には、空襲後、何日も何日も焼死体や溺死体が打ち上げられた。富山市にゆかりのある戦没者資料を収めている富山の護國神社『遺芳館』の展示には、こう書かれている。

氷見市太田、島尾、窪の浜には、後日多く焼死者の御遺体が毎日のやうに流れ着いたさうです。神通川へ飛びこんだ方々でありませう。若い母親が生まれたばかりの赤ん坊をおぶつたまま、小さな二人の姉弟が離れまいとへこ帯で手を縛り合つたまま、片手のない兵隊さんの姿等々……。

祖母も私の母も、氷見の浜に流れ着いた遺体となっていてもおかしくなかった。

焼け出された人や死体で溢れる神通川の縁で、呆然としている祖母を親族の男性が見つけ、家に連れ帰ったと、後に人づてに聞いた。

死線をくぐり抜けた祖母は、しかしその後、正気を失ってしまった。空襲の大火は、祖母の心をも焼き尽くしてしまったのだろうか。祖母が育てられなくなったため、乳飲み子だったが、私の母は親戚の家に預けられた。

祖母の頃に、「戦争後遺症」「トラウマ」「心的外傷後ストレス（PTSD）」などという言葉はなかった。誰もが生きるだけで必死の時代に、心を病んでも治療法などあるわけもなかった。


私の母は親戚の農家を転々と預けかえられながら、米の研ぎ汁とヤギの乳を混ぜたものを母乳代わりに飲み、無事に育った。

中学卒業と同時に紡績工場の住みこみ従業員となり、22歳で父と結婚した。15歳のときからコツコツ貯めたお金で嫁入り道具を買い、すべて自分で仕度を整えて嫁入りした。それは母の誇りでもあった。

私は小さい頃から時々、母にこんなふうに聞かされて育った。

「私は、お父さん、お母さんと呼んだことがない。苦しかったときに親がいなかった。だから全部、自分でやらなければならなかった」――と。

その心中を思うと、胸がぎゅっと苦しくなる。

サラとイヴォンヌに伝えたかった。

親に育ててもらえなかったけれども、その赤ん坊は周囲の愛を受けて成長し、母親となり、その愛を注がれて私がいる。私の母のような子供に、終戦後の日本で手を差し伸べたことが今日の原点というあなたたちに、ぜひ会って長いお話を聞きたいのです、と。

冒険の始まり

2017年、チャイルドヘルプのCEO特別執務室に通された私は、サラとイヴォンヌを待っていた。

ほどなくして、二人はダファニーと共に執務室に入ってきた。

現在のサラ(左)とイヴォンヌ(右)。チャイルドヘルプ本部にて　※2019年取材時に撮影

サラはブルネットの髪をふんわりと後ろに流し、真っ赤な口紅をさして、責任感や使命感に溢れた精悍な顔立ちをしている。

イヴォンヌはブロンドの髪が美しく流れ、小さな童顔がそのまま歳を重ねたような、小柄で可愛らしい女性だった。

二人は年齢を重ねていても背筋が伸び、歩き方も力強かった。言葉もしっかりとていねいな態度で、会った瞬間から包まれるような温かさを感じた。

サラとイヴォンヌは、会議の合間の1時間を私にくれた。時間を無駄にしないように、サラは椅子に腰を下ろすなり話しはじめた。イヴォンヌがその横で、私を見つめる。

「あなたは、私たちのことが知りたいのでしょう?」

サラはそう言うと、周囲をその頃へのタイムトラベルに巻きこむように生き生きと話しはじめた。

*

話は、1959年の東京から始まる。

その年は日本の南極観測隊が大陸に残してきたカラフト犬、「タロ」と「ジロ」の生存がわかり、IOC総会で東京が1964年の夏季オリンピック開催地に決まった年だ。前年に東京タワーが竣工し、人々は新しい東京のシンボルを誇らしく見上げていたことだろう。

地方の中学、高校を卒業した若者が集団就職のために上京し、金の卵と呼ばれた頃だ。皇太子明仁親王と正田美智子さんの結婚の儀が行われ、「三種の神器」といわれた家庭用電化製品(テレビ、冷蔵庫、洗濯機)が急速に普及した。

第3章

サラとイヴォンヌ

とはいえ、まだ外国人が日本の観光旅行をするような時代ではなかった。日本にいる外国人は駐留アメリカ軍の兵士や、キリスト教の宣教師家族くらいだった。

だがその年、サラとイヴォンヌは東京のホテルの一室にいた。ハリウッドの若き女優であった二人は、駐留アメリカ軍の慰問公演のために日本を訪れていたのである。

二人はお洒落で可愛らしい服に身を包み、明日からの休暇をどのように過ごそうかと相談していた。


サラとイヴォンヌは、共に23歳だった。久しぶりの休暇で心は弾んでいた。

「ねえ、イヴォンヌ、京都に行かない?」

「いいわね、サラ」

思い立つとすぐにも実行に移す性格は、この頃から二人の特徴だった。

すぐさま旅の仕度をすると、東京駅へと向かった。駅構内は人々が忙しく行き交っている。

乗りこんだ列車は、すでに満員だった。自分の座席を見つけて腰を下ろすと、発車合図のベルが鳴り、車窓の風景がカタンコトンと流れはじめた。

アメリカからやってきた二人にとっては、はじめての日本での汽車旅である。

しばらくして、二人は、ふと周囲の視線に気づいた。黒髪ばかりの日本で、ブルネットとブロンドの髪をした二人の姿が目立つのは無理もないが、その視線は、少し様子が違っていた。

「ねえ、サラ。あの人たち、私たちのことを何度も見ているわね……」

イヴォンヌの言葉に、サラが遠くに目をやると、ふふふっと笑った。

「あれを見て」

サラが指さした乗客の手には、雑誌が開かれている。サラとイヴォンヌは、その雑誌に見覚えがあった。取材を受けたことがあったのだった。

この当時、サラは「サラ・バックナー」、イヴォンヌは「イヴォンヌ・ライム」と、結婚前の姓を名乗っていた。二人は共に映画やテレビを彩る若きハリウッド女優だった。

サラの代表作は、アメリカのお茶の間を楽しませたテレビドラマが多く、イヴォンヌは日本でも放送された『大草原の小さな家』で父親役を演じていたマイケル・ランドンが主演の映画、『心霊移植人間（I was a teenage werewolf）』（1957年）でランドンの恋人役を演じ、人気を得ていた。
　また、アメリカのロックスター、エルヴィス・プレスリーの作品『さまよう青春(Loving You)』（１９５７年）に出演し、以来、イヴォンヌはエルヴィスと一時、恋人同士だった。

　サラとイヴォンヌの出会いは、二人が17歳の頃に出演したテレビシリーズ『オジーとハリエットの冒険』（１９５２～１９６６年）だった。アメリカの国民的人気ドラマで、それ以来、二人は人生を共に歩く親友同士になった。
　この頃のハリウッドは、朝鮮戦争に赴く兵士たちのために慰問団を結成し、歌手やコメディアンたちが興行を行っていた。１９５４年のマリリン・モンローの韓国慰問公演は特に有名である（もっともこれは、ジョー・ディマジオとの新婚旅行で日本を訪れていたモンローが、慰問団ではなく個人で依頼を受けたものだが）。

　サラとイヴォンヌはまだ駆けだしの女優で、モンローほど有名というわけではなかったが、それでも若く美しいハリウッド女優が東京に滞在していて雑誌や新聞が取り上げないわけがなかった。

今見ている雑誌に載っている二人の女優が、同じ車両に乗っている。乗客たちにしてみれば、目をこすって間違いではないかと思うのも無理はなかった。

二人はそういった視線にも慣れたもので満面の笑みを返し、手を振った。

新幹線のない頃、京都へ向かう夜行列車の車窓から見える空は、夕焼け色に染まりはじめていた。

サラはイヴォンヌに言った。

「そろそろ着がえたいわね。もうこの服はきゅうくつだわ」

イヴォンヌも同感だった。

二人は着飾っている服を着がえて、リラックスした服で夜を過ごしたいと思った。人前では着飾らなければならない女優の、オンオフの習慣だった。

しかし当時、列車の中で着がえるところはどこにもなく、夜行に乗る乗客は、当然、朝までその格好で椅子に座ったまま眠った。

「どこか着がえる場所はないかしら?」

二人は車内を歩き回った。満員の列車に女性が着がえをするところはない。トイレを覗いてみたが、そこで着がえるアイデアはすぐに却下した。当時の列車は、床に丸い穴が開いているだけの直下式で、穴からは風が勢いよく吹き上げており、その室内はお世辞にも清潔とはいえなかった。

二人は、車両と車両との連結部分へと出てみた。線路のつなぎ目を車輪が通るたびにガタン、ガタンと音を立て、風切り音が耳を聾する。踏み外せば命の危険もある場所だが、とにかく身体を締めつけているものから早く解放されたかった。

「仕方がないわ。急いでここで着がえましょう」

二人はそう言って、脱ぎはじめた。

イヴォンヌが両手を後ろに回してブラのホックを外し、サラは足を上げてストッキングを脱ごうとしていた。

その瞬間、イヴォンヌが「きゃ！」と声を上げた。イヴォンヌの目は見開いたまま、呆然としていた。

「ブラが、飛んじゃったわ……」

次の瞬間、今度はサラが、「きゃ！」と声を上げた。

足元からスルリと脱いだストッキングが、手をすり抜けて飛んでいってしまったのである。

二人は見つめ合った。それから、おかしくなって大声で笑った。列車の騒音に負けないくらい、二人は笑っていた。

すると二人の足元でかん高いブレーキ音が鳴り響き、列車がスピードを落としはじめた。

「何かしら？」と、サラとイヴォンヌはあたりを見回した。列車がスピードを落とした理由に気づいたが、時すでに遅し。

裸同然の二人を車両の連結部分に乗せたまま、煌々と明かりが灯る停車駅へと、列車は滑りこんでいったのだった。

二人はそのときのことを、本当に懐かしそうに話して笑う。そんな〝お転婆〟女優二人は、その後、慰問公演を続けながら9月26日のその日も日本で都内のホテルに滞在していた。

その日は、荒れ狂う台風による風雨がホテルの窓ガラスを叩いていた。数日前にマーシャル諸島エニウェトク環礁付近で発生した雲の渦は急速に勢力を増し、和歌山県潮岬に上陸した後、猛威を振るいながら関東に接近した。多くの人々を恐怖と苦難に陥れた「伊勢

第3章

サラとイヴォンヌ

湾台風（1959年台風第15号）」である。

その日、駐留アメリカ軍基地では「レッド・フラッグ・アラート（厳重警戒警報）」が出されていた。

サラとイヴォンヌは、ハリウッドから慰問に訪れた女優として、アメリカ軍の預かりという立場だった。こんな大きな台風は、二人にとってはじめての経験だった。世話役の大佐からは「外へは一歩も出てはいけない」との厳命が下されていた。

台風はその日のうちに通り過ぎたが、大佐の二人に対する外出禁止令は4日間続いた。浸水被害で街が非常に不衛生な状態になっており、感染症が蔓延する恐れがあった。ホテルの停電も、いっこうに復旧しなかった。

4日目、薄暗いホテルの部屋の中でサラとイヴォンヌはひどく退屈していた。もともと兵士ではない二人に、大佐の外出厳禁の言い渡しはたいして響いていなかった。二人は顔を見合わせてうなずいた。

「外に出てみましょう！」

83歳になっても少女のようにほほえむサラとイヴォンヌは、そのときを思い出して軽快な笑い声を上げた。

「あのときはね、本当に退屈だったのよ」

「私たちも若かったから仕方がないわ。4日もじっとしていられないわよ」

そして、サラは再び語りはじめた。

「若いというのは、好奇心の塊よ。だから、私たちは冒険に出ることにしたの」

一緒に聞いていたダファニーが、たまらずに噴き出した。自分たちのCEOのお転婆ぶりに、より魅力を感じたに違いない。

「冒険ですか？」。私は尋ねた。

すると二人は、パチリとウィンクしてほほえんだ。イヴォンヌが言う。

「そう、冒険よ。でもね……そのときの好奇心と冒険心がすべての始まりとなったのよ、チャイルドヘルプ創立の」

＊

停電した部屋でクローゼットを開き、コートを身にまとい、襟を立て、頭からスカーフを被った。

4日間閉じこめられていた部屋のドアを開け、誰もいないことを確かめてそろりと廊下に出る。ササッと早足で歩き、階段を下りる。ホテルには、他にもアメリカ軍関係の要人が泊まっている。世話役の大佐も。見つかるわけにはいかなかった。

1階のロビーには、フロントクラークが立っていた。その男性がいなくなった隙に外に出ようと考えたが、別のクラークが声をかけてきた。

「何か御用ですか?」

二人は、背後からの声に驚きつつも、背筋を伸ばしてエレガントに応えた。

「ずっと部屋の中にいたので、少し外の空気でも吸おうと思いましてね」

フロントクラークは二人を諭(さと)した。

「まだ警戒が解除されません。外は瓦礫(がれき)が散乱していて危険な状態です。出ないでください」

けれど、サラとイヴォンヌの気持ちはもう外に向かい、止められなかった。

「大丈夫よ。少し外の空気を吸うだけ。心配しないで」と言い、二人はホテルの外へと歩を進めた。

大勢の人がゴミや瓦礫を手作業で除去していた。ヘドロが臭いを放っている。想像以上の被害だった。

二人は瓦礫につまずき、水たまりに足を取られながら歩き回った。

そして、そろそろホテルに引き返そうとしたその瞬間、二人の目にある光景が飛びこんできた。

「あれを見て！」とイヴォンヌが叫び、サラが目を凝らした。

それは瓦礫同然となった民家の軒下で、膝を抱えて寒さに震える子供たちの姿だった。駆けよると、子供たちは雨に濡れたままで靴も履いていなかった。泣きだしそうな顔でぶるぶると身を震わせている。

サラは子供たちの頭を数えた。

「11人いるわ！」

年齢は2歳くらいから12歳くらいだろうか。サラとイヴォンヌは子供たちを見つめた。

二人はコートのポケットから辞書を取り出し、あなたの両親はどこですか？という文章を探したが、見つけられなかったので知っている日本語で話しかけてみた。

「ノー、ママさん？（お母さんはいないの？）、ノー、パパさん？（お父さんはいないの？）」

すると、子供たちはわんわんと大声で泣きはじめた。二人はコートの前ボタンを開き、子供たちを中へ入れて抱きしめた。そして二人は互いをただ見つめ合った。

第3章

サラとイヴォンヌ

彼らは濡れた服のままで震えている。二人はとにかく子供たちを自分たちの部屋に連れていくことにして、来た道を、今度はコートの中に子供たちを抱えて歩いた。ホテルの前まで戻ると、二人は立ち止まった。子供たちをコートの中に隠していては怪しまれてしまう。ここは堂々と行かなければならない。

子供たちをコートの中から出し、手をつなぐように言うと、映画『サウンド・オブ・ミュージック』のマリアと子供たちのようにホテルの中へと入っていった。

このときのことを思い出すと、サラとイヴォンヌは、今でも息が止まると言った。

サラが言う。

「私たちはすました顔でホテルに入っていったけれど、本当は頬がこわばっていたわ。まるで頬が凍っているようだった」

イヴォンヌも、笑いながら言う。

「私は心の中で自分に言い聞かせていたわ。私は女優よ。この場を演じきるのよというふうに」

サラは、さらに大きな声で笑った。

「私も、心の中でこう言っていたわ。もしもホテルの従業員たちに見つかってしまったら、こう言うのよ。子供？　子供って何？　知らないわよ。何のことかしら？　どこに子供がいるというの？　私には見えないわ。あなたには見えるの？　ヘンね、というふうにね」

ダファニーも私も笑っていた。さすが女優の二人、その切り抜け方は本当にコメディードラマのようだった。

人生最速の忍び足で部屋になだれこむと、ぴしゃりとドアを閉めた。

「やったわね！」

二人は見つめ合った。

しかしそれも束の間のこと、二人の腰元には子供たちが必死にしがみついている。子供たちの頭を見下ろしてサラが言った。

「……イヴォンヌ」

「ん？」

「さて、どうする？」

「ん……わからないわ……」

二人はまずバスタブに湯を張った。子供たちの濡れた服を脱がせ、立ちのぼる湯気の中で袖をまくり、3人ずつバスタブに入れて髪を洗い、身体を洗った。

あるだけのタオルで身体を拭いてやり、クローゼットから取り出した自分たちの服を着せ、汚れた服をゴシゴシと洗って手で絞り、部屋のありとあらゆるところに吊り下げた。

ふと見ると、子供たちの頬は赤くよみがえり、つやつやと光っていた。停電が復旧していたのだ。そこで二人はルームサービスに電話をして、サンドウィッチを20個注文した。

すると「は？　20個ですか？」と、驚いた声が返ってきた。

おっと、いけない、と口に手を当てるが、受話器に向かってはこう言う。

「私たちは大食いなの。それに、今日は特にお腹が空いているの。20個なんて少ないくらいだわ。持ってきてね。お願いね」

しばらくして、トントンとドアがノックされた。サンドウィッチが運ばれる。それを見たサラとイヴォンヌは驚いた。サンドウィッチと共に、13人分の皿とフォークが備えられていたのである。

「あら、どうしてわかったのかしら？」

しかし、サラとイヴォンヌにできることはここまでだった。

もし台風で家族とはぐれたのなら、家族が探しているだろう。が、二人には両者を引き合わせることなど到底できない。

頼りになるのは、外出厳禁の命令を下した大佐だけだった。しかし、厳命を無視して外に出たことが大佐の知るところとなれば、カミナリが落ちることは間違いない。

サラとイヴォンヌは覚悟を決めた。


予想通り、二人の耳に、大佐が壁をドンと叩く音が鳴り響いた。

「なんてことをしてくれたんだ！　自分たちのしたことがわかっているのか？」

二人は言う。

「もちろんわかっています、大佐。でも目の前に寒さに震えて、お腹を空かせて泣いている子供たちがいるのに、背を向けるなんてことができるかしら？」

大佐は呆れていた。

「君たちがしたことがどれだけ軍に迷惑をかけるか、君たちは、まったくわかっていない……」

サラとイヴォンヌには、その意味がわからなかった。

「どうして迷惑になるのですか？」

大佐は再び、呆れた表情を二人に見せた。

「その子供たちに、心配している親や家族がいると思うのか?」

サラとイヴォンヌは、そのときはじめて気づいた。

「あの子たちは孤児なのですか?」

大佐は言う。

「君たちは知らないかもしれないが、日本は、終戦後の今も孤児が溢れているんだ。それが目に入ったからと言って、いちいち助けていてはきりがないんだぞ」

二人は言う。

「でも、あの子たちをまた路上に戻すなんてことできないわよ」

大佐は頭を抱えていた。孤児の問題は軍が関わることではなかった。

イヴォンヌは大佐に言った。

「大佐……あなたもアメリカに帰れば小さい子供たちが待っている身でしょう? もしも、あなたの子供たちが、この11人の子供たちと同じ状況に置かれていたらどうしますか? 放っておくのですか?」

大佐もまた我が子を思う父親だった。

「わかった、わかった。しばらく待て」

そう言って立ち去ると、しばらくして大佐は1枚の紙を持って現れた。東京都内の孤児収容施設の住所が書かれたリストだった。そして大佐は、1台のワゴン車と通訳のできる運転手を用意させたと言った。

サラとイヴォンヌは、さっそく子供たちを連れてリストに書かれた住所へと向かった。ところが、どの施設も断られてしまう。孤児収容施設はすでに定員を超えていっぱいだった。そこに台風の影響で路上暮らしの大人たちまでが避難してきて、てんやわんやだった。

「ここにはもう寝る場所も食べ物もありません。別の施設に行ってください」

二人は当面の食べ物と、子供たちの服や靴を買ってホテルへと戻るしかなかった。

ホテルの前に着き、大きなため息をついた。子供たちを連れて戻ったことが大佐の耳に入れば、またガミガミ言われるだろう。ハリウッド女優とはいえ、まだ駆けだしの若い二人にとっては、大佐は父親のような存在でもあった。

二人は作戦を練った。すました顔で正面玄関を抜けることは、もうできない。

ふと見ると、ホテルの裏には非常階段があった。子供たちにも上れる段差だった。

サラとイヴォンヌは、子供たちを連れて非常階段を上り、部屋に戻った。そしてその

第3章
サラとイヴォンヌ

夜、子供たちと丸くなって眠りについたのだった。

次の朝も、子供たちを連れて非常階段を下りた。運転手が気を回し、非常階段の近くに車をとめていた。

リストの残りにある孤児収容施設へ向かったが、また断られてしまった。午後になり、リストの最後になった。「どうかここは、子供たちにとってよい場所となりますように……」と二人は祈った。

ところが、子供たちを車から降ろし、手を引いて歩きだすと、突然、子供たちがその手を払うようにイヤイヤをする。一人の男の子が逃げだした。

通訳の運転手が追いかけて子供の腕をつかむと、わんわん泣きだした。

「いったい、どうしたんだ?」

通訳の運転手が二人の代わりに尋ねる。

「僕たちはここにいたんです」

男の子は、泣きながら言った。

「ここから逃げだしてきたのか?」

「僕たちは逃げたりしない。でも、ここには置いておけないと言われて追い出された」

「どうして？」

「知らない……」

「いつ追い出されたんだ？」

「台風の日……」

通訳の運転手は、啞然としてサラとイヴォンヌの顔を見つめた。


しかしながら、この子供たちをホテルに連れて帰るわけにはいかない。サラとイヴォンヌは施設の玄関の扉を叩いた。

男性職員が出てきた。二人の女性の後ろに隠れている子供たちに目をやると、ため息をつき、やれやれという表情を見せた。

「はい。この子たちは、ここにいた子供たちです。でも、置いておくことはできません」

サラとイヴォンヌは尋ねた。

「なぜですか？」

職員は、困った顔をして言う。

「ここは政府の用意した、日本人孤児のための施設です。だから、この子たちを置くことはできません」

第3章

サラとイヴォンヌ

二人には納得がいかなかった。

「何を言っているのですか？　この子たちは日本人ですよ」

職員が再び言う。

「いいえ、混血児です。混血児は、血の半分が日本人ではありません」

サラは言う。

「でも、この子たちは日本で生まれた子供たちですよ」

職員が言う。

「日本で生まれても、血の半分が日本人ではありません。ここは日本政府の施設です。ですから、純血の日本人が最優先されるのです。今は、純血の日本人の子供たちでいっぱいです。私たちには、混血の子供まで収容する余裕がないのです」

サラとイヴォンヌは、言葉を失っていた。

「とにかく困ります。他をあたってください」

職員はそう言って、玄関の扉を閉めた。

二人はドアの前で立ちつくした。

「この子たちは親から捨てられ……そして子供たちを保護する施設からも捨てられた子供たちだったのね……」

私は少し疑問を感じた。本当にこんなひどいことがあったのだろうか？

しかし、サラとイヴォンヌはこう言った。

「日本は文化的にとても素晴らしい国だったわ。でも、偏見や差別がとてもひどかったの……」

＊

終戦後の日本では、連合国軍占領下にあった１９４５年から１９５２年にかけて、占領軍兵士との間に「戦後の落とし子」「ＧＩベイビー」と呼ばれる多くの混血児が生まれた。夫を兵隊に取られて失った未亡人や、空襲で家や家族を失った女性などの中には、生きるために街娼の道に足を踏み入れた者もいた。

当時、占領軍兵士によるレイプ事件も少なくなかった。もちろん、兵士たちと恋愛をして出産する女性もいたが、多くの兵士は駐留の任期が終わると女性と子供を残し、母国に帰っていった。

混血の子供たちは敵国の子、占領兵士の子、そして淫らな母親の子としてひどい差別を受けた。母親も身内や世間から蔑まれ、育てていくことができずに子供を捨ててしまうことも多かった。

私は尋ねた。

「その11人の子供たちの顔を見て、混血児であることはわからなかったのですか？」

イヴォンヌは、いつもスキンシップに溢れている。彼女は私の横に来て肩に腕を回すと、私を優しく撫でながら言った。

「私たちは、少し顔が違うってことは気づいていたの……」

そして、サラが言う。

「でも、どんな親から生まれようと子供には関係ないわ。子供は、親はもちろんのこと、周りの大人たちや社会の庇護（ひご）の中で大切に育つものなのです。どんな理由であれ、子供を放棄してはいけません」

失意のサラとイヴォンヌを待ち受けていたのは、鬼の形相の大佐だった。しかし、二人はもう大佐の反応を恐れなかった。

「どこの施設でも断られました。でも私たちは、この子たちを見捨てることはしません。だって、この子たちは、すでに二度も捨てられているのよ！」

大佐は大きなため息をつき、「しばらく待っておれ」と言うと、再び1枚の紙を手に戻ってきた。

「ここに連絡しなさい」

そこには一人の男性の名前が書かれてあった。

ヒュー・モートン。東京でゴスペル教会を設立し、小さな孤児院を始めたばかりの日系の医師だった。その孤児院は70年近くたった2022年現在も、児童養護施設として子供たちを受け入れている。『のぞみの家』という。

二人はモートンに電話をした。事情を聞いたモートンは二人に同情を寄せ、それから日本に存在する混血孤児の差別問題について淡々と話した。

若く無邪気なサラとイヴォンヌにとって、はじめて知る社会の暗部だった。

しかしモートンは、彼もまたその11人を引き受けられないと言った。彼はアメリカに帰国する直前で、この孤児院では受け入れる準備ができないと前置きしながらも二人にこう伝えた。

「今から言う女性に会いなさい。その女性ならば、日本人も混血児も関係なく子供たちの世話をしています。とても素晴らしい女性です」

その女性の名は、堀内キンと言った。後にみなが「ママキン」と呼び、サラとイヴォンヌが慕った女性である。

二人の、この女性との出会いが後のチャイルドヘルプの創立へとつながっていく。

＊

モートンに教えてもらった日本人女性の名前と住所は、サラとイヴォンヌにとって最後の頼みの綱だった。敬虔(けいけん)なクリスチャンである二人は心の中で祈った。ところが、その住所に来て、二人は唖然とした。

建物には玄関戸がなく、代わりに布がぶら下げられていた。窓ガラスは割れたままで、段ボール紙で塞がれている。

中を覗くと、火鉢が2つ置かれている。ひとつは煮炊き用に、もうひとつは子供たちが囲んで暖をとっていた。奥のほうから女性が現れた。

「あなたがキンさんですか？」

「はい」

通訳の運転手がこれまでの経緯を話し、子供たちを引き受けてくれるよう頼んだ。

堀内キンは静かに言った。

「私どもも経済的に余裕がないのです」

子供たちを学校に通わせるのに暖かい冬の服が足りず、食べさせるのにも日々困っていたのだった。キンはしばらく考えた。

「わかりました。私がお引き受けします」

彼女はこう思ったかもしれない。外国から来た若い二人に、日本の孤児たちを押しつけるわけにはいかない。日本人である自分が、断るわけにはいかないと。

後に堀内キンの人物像を追いかけてみると、そういった筋を通す人間なのだ。生粋の職人の父のもとで育ち、義理人情に篤い女性であることがわかった。


サラとイヴォンヌは胸を撫でおろした。その夜は慰問公演が予定されており、二人はステージに立たなければならなかったが、子供たちのことは誰にも頼めなかったからだ。

二人は堀内キンの手を取り、かたく握りしめた。

「ありがとうございます。私たちはこの子供たちとあなたの支援を続けます。必ず!」

その約束を、サラとイヴォンヌはアメリカに帰っても守り続けていくのである。

この夜のステージは、二人にとって印象深いものになった。台風被害による瓦礫の撤去作業に出ていた駐留アメリカ兵たちは、二人のステージを楽しみにしていた。

サラとイヴォンヌはいつものように歌い、踊り、軽快なトークで兵士たちを笑わせた。アメリカの有名な演劇スクール「Pasadena Playhouse」でそれぞれ歌と踊りと舞台演劇を学んだ二人にとって、ライブでのパフォーマンスはお手のものだった。

しかし、演目が終わると二人の心臓は高鳴った。なぜなら、聴衆に話そうと決めていたことがあったからだった。

マイクを手にしたまま、しばし二人は立ちつくした。兵士たちは、心配そうに彼女たちを見つめる。

サラは、台風の日に出会った11人の子供たちのことを話しはじめた。その子供たちはアメリカ人との混血であること。それが理由で、台風の日に孤児収容施設から追い出されたこと。兵士たちはじっと聞き入り、同情の声を上げた。

もう一歩踏みこんだ話を、しなければならなかった。それは23歳のハリウッド女優にとって勇気が必要なことだった。

「この子供たちは……R&Rの子供たちです……」

R&RとはRest and Relaxation、直訳すれば保養休暇という軍隊用語だが、それなら話すのに動悸が速くなることもないだろう。実はその言葉は「兵士たちが現地で性風俗を利用すること」を暗に指していた。ひとときの夢の舞台から兵士たちに投げかけるような言葉ではなかったのである。

サラは勇気を出した。

「あの子たちの父親は、日本で休息を得たアメリカ兵士たちです……」

イヴォンヌも言った。

「でもその子たちは、半分アメリカ人ということで日本で差別に遭い、見捨てられているのです。私たちアメリカ人もまたその子たちを見捨てるなんてこと、どうしてできましょうか?」

すると兵士たちから、大きな拍手が湧き起こった。

「俺たちに任せておけ!」

その声と共に裏返した官帽が兵士たちの間で回り、多くの紙幣が投げこまれていった。

サラとイヴォンヌは再び口を開く。

「もうひとつ、お願いがあります」

兵士たちは耳を傾けた。

「その子たちを引き受けてくれた堀内キンという女性の孤児院には玄関戸がなく、ガラス窓が割れています。家のあちこちを直してあげたいのです。もしも手伝ってくださる方がいれば、明日、ホテルの前に来てください」

翌朝、ホテルの前には大勢の兵士たちが並んでいた。アメリカ軍の輸送トラックが到着し、その荷台には修繕用の板や角材、軍支給の毛布、携帯口糧（兵士1人分の携行用食糧）の缶詰が積まれていた。

ある兵士は玄関戸を直し、窓にガラスを入れた。ある兵士は街中を走り回って畳屋を探し、新しい畳を敷きつめた。またある兵士は服屋を探し、子供たちの冬服や靴を買ってきた。

その中には、鬼の大佐の姿もあった。

そのとき集まった兵士の中には、サラとイヴォンヌが帰国した後も子供たちのためにボランティアを続けた兵士も多かったという。

その後、サラとイヴォンヌは東京滞在を2か月延ばした。公演スケジュールは消化していたが、子供たちと堀内キンのために、少しでも日本でお金を稼ぎたいと思ったのだった。二人は自分たちで営業を始めた。

当時のことに思い出し、イヴォンヌは突然大きな声で笑いながら言った。

「あなた、エルヴィス・プレスリーを知っている？」

私は答えた。

「もちろん、知っています。日本でも大スターです」

日本に来る直前のイヴォンヌは、エルヴィス・プレスリーと恋人同士だった。恋を終わらせた後も、二人の仲は親友として続き、サラもまた、エルヴィスとはよき友だった。

二人の営業を知った舞台マネージャーが仕事を取ってきたが、奇遇なことに、それはジャパニーズ・エルヴィス・プレスリーとの共演だった。

サラとイヴォンヌは、笑いが止まらなかった。本物とは似ても似つかないジャパニーズ・エルヴィス・プレスリーだったが、ちゃんと1日の出演料を手にすることができた。

また別のステージでは、失敗ばかりするジャパニーズ・マジシャンと共演した。

帽子の中に隠してあったウサギが逃げだしてイヴォンヌが追いかけたり、スカーフの中に隠していたハトが飛んでしまってサラが追いかけたりと、ドタバタ騒ぎだったという。

その間、二人は時間を見つけては堀内キンの孤児院へ行き、歌を歌い、踊りを教えて子供たちとの日々を楽しんだ。


ある日、二人がホテルに帰ってくると、仁王立ちの大佐が待っていた。

彼は言う。

「君たちはコメディアンだったのかね?」

サラとイヴォンヌは噴きだして笑った。大佐は組んでいた腕を組み直し、重ねて言った。

「君たちはいつまでチャリティー・ステージをやるつもりだね? それに、いつまで孤児と関わるつもりなんだ? 我々はソーシャルワーカーを雇ったわけじゃないぞ。もちろん、コメディアンもだ」

そして大佐は、彼女たちに告げた。

「もうアメリカに帰りなさい。君たちには、ハリウッドが待っているだろう?」

軍の飛行機で帰国したサラとイヴォンヌは、すぐさま借りていたハリウッドの部屋の隅に小さな事務所を設け、看板を掲げた。

『国際孤児支援法人（International Orphans Inc. 略してＩＯＩ）』

＊

サラは、私に言った。

「名前に『国際』と付けたのはね、この問題を多くの人に知ってもらうため。わざと大袈裟な名前を付けたのよ」

効果はてきめんだった。ハリウッドでは孤児たちへの意識が高まり、二人の周りに多くの賛同者が集まった。その数１６０人。寄付を募るキャンペーンを繰り広げると多くの資金が集まった。

寄付金は、東京にある次の４か所の孤児施設の支援に使われた。施設はみな、現在も存続している。

堀内キンが創設した世田谷区の『福音寮』
ヒュー・モートンが創設した武蔵野市の『のぞみの家』
キリスト教会愛隣会が運営する目黒区の『若葉寮』
澤田美喜が創立した神奈川県中郡大磯町の『エリザベス・サンダース・ホーム』

アメリカには、もともと寄付の文化が根づいている。支援活動も順調に進むある日のこと、海兵隊の隊員たちがやってきた。襟を正し、キリリとした姿勢で彼らは言った。

「私たちも、日本の子供たちのために、子供服やおもちゃを集めました。あなた方が支援している孤児院に送ります。そのことをお伝えしに来ました」

それは、段ボール箱何十箱分もあった。

また、しばらくして今度は海軍士官たちがやってきた。彼らも、背筋を伸ばしてこう言った。

「私たちは、約1000人分の子供たちへの物資を集めました。海軍の輸送艦と航空輸送機を連携させ、それを日本に運ぶ手はずを整えました。その報告に来ました」

サラとイヴォンヌは驚いていた。

あの夜、ステージで勇気をふりしぼって呼びかけた。それに応えようとする兵士たちの温かな心は、その後も続いたのである。

ベビーリフト作戦の悲劇

日本の孤児施設への支援を始めて7年目の1966年、1本の電話が鳴る。二人の活動を知ったアメリカの地方議員からだった。

議員は言った。

「あなた方が日本で行っていることは、とても素晴らしいことです。でも、日本の混血孤児問題と同じことが、ベトナムでも起こっています」

ベトナム戦争に赴いたアメリカ軍兵士とベトナム人女性との間に多くの混血児が生まれ、捨てられているという現実だった。戦後の日本と同じ状況が起こっていた。議員はこう言った。

「貧しいうえに戦争に苦しむ国の女性が、兵士との間に産み落とした赤子をどうして育てることができるでしょうか？　多くの嬰児が農村の道端に捨てられ、死んでいるのです……」

そして、その議員は言った。

「その子供たちを、あなた方の支援の力でどうにか救えないでしょうか？」

サラとイヴォンヌは悩んだ。二人にとっては、日本への支援だけでも大仕事だった。その頃、サラとイヴォンヌはそれぞれ結婚し、子育てをしていた。仕事と家庭と子育て、そして日本への支援活動。それ以上のことが自分たちにできるだろうかと悩んだ。しかし二人は決意する。子供たちを見過ごすことはできなかった。

ベトナム戦争は、その戦況がアメリカ国内で伝えられるにつれ、果たしてアメリカの介入が正しいことだったのかと、多くの国民の間で異議が唱えられている頃だった。

サラとイヴォンヌは、揺れる全米にキャンペーンを繰り広げた。それは多くの人々の心を動かし、ウォルト・ディズニー社などの大手企業が賛同し、巨額な支援金が集まった。

二人は海軍司令官ルイス・ウォルト大将に会い、南ベトナムに5か所の孤児収容施設とその子たちのための学校、そして病院を建てた。

ところが1975年3月、ダナンが陥落し、サイゴン（現在のホーチミン）に戦火が迫った。軍の撤退が騒がれるようになると、敵国アメリカの血を継ぐ混血児たちは、北ベトナムの兵士たちに真っ先に殺されるだろうと予想された。

もはや撤退すら命がけになってきたアメリカ軍は、孤児院を見捨てることも視野に入れたが、サラとイヴォンヌは軍に願い出る。

「どうか子供たちを見捨てないでください」

話し合いが行われた。サラとイヴォンヌは叫ぶように言った。

「飛行機よ！　子供たちを安全な国外に移すための飛行機が必要です！」

1975年4月3日、当時の大統領ジェラルド・フォードは、アメリカ空軍の超大型長距離輸送機ロッキードC－5ギャラクシーを使い、30回の飛行ですべての孤児たちをアメリカに避難させると表明した。

それは「オペレーション・ベビーリフト（赤ちゃん吊り上げ作戦）」と名づけられた。

しかしオペレーションの最初に起こった事態は、サラとイヴォンヌの胸を圧し潰した。

第3章

サラとイヴォンヌ

4月4日、大統領声明の翌日、作戦の第1便では、機体底部（1階）の貨物室の広い床に毛布を敷いて赤子が寝かせられ、そのそばに歩ける年齢の孤児たちが膝を抱えて座った。他に施設職員の修道女、看護師などの職員と乗務員。1階と2階に合わせて328人が乗っていた。

ギャラクシーは午後4時過ぎにサイゴンのタンソンニャット基地を離陸。低空では地上から攻撃を受けるため、通常よりも高い角度で上昇したが、すぐに大きな爆発音がして機体が揺れ、機体後部に大きな穴が開いた。そこから海が見えていたという。すでに数人は投げ出され、職員や子供たちはものすごい風圧を受けた。

コックピットでは、操縦が困難になっていた。不時着が試みられたが機体は急降下し、水田へ突っこんでバラバラに壊れながら地面を滑っていった。この事故で、機体2階の客室への被害は少なかったが、1階の貨物室に寝かされた赤子、孤児、職員たちは即死した。

328人中、155人の死亡が確認されたのである。

事故は国際的な非難を集めた。サラとイヴォンヌは夜通し涙したが、北ベトナム軍の包囲網は、刻一刻と迫っていた。

機種を変え、ようやく最初の作戦機がロサンゼルスのロングビーチ飛行場に到着したのは、南ベトナムが崩壊する直前の１９７５年4月12日だった。

第1便には赤ちゃんを含む３３０人の子供たちが乗っていた。彼らはロングビーチ海軍基地で健康診断が行われ、用意された養子縁組先に引き取られていった。

ベビーリフト作戦はタンソンニャット基地が使用不可能になる4月26日まで続けられ、混血孤児を含む３３００人以上の南ベトナムの孤児を脱出させた。

後にこの作戦を、北ベトナム政府は「国家的な児童誘拐」であると非難を表明した。アメリカ国内でも、果たしてベビーリフトは最善であったのかと議論された。

その後の追跡で、脱出した子供たちの多くは里親のもとで先進国の基本的な生活を送り、教育を受けることができたという。数十年後、大人になった彼らが母国ベトナムを訪れるという里帰り事業も行われた。

もちろん、幸せをつかめなかった子供も少なからずいたことだろう。今なお賛否はある。

歴史は、同じ光景を繰り返す。

2021年夏、アフガニスタンから急いで撤退するアメリカ軍の兵士に、混乱して殺到する人々からせめてもと幼い子供が手渡される映像が流れた。

それはまさに、ベビーリフト作戦をほうふつとさせる光景だった。

ナンシー・レーガンの言葉

ベビーリフト作戦の子供たちの養子縁組が一段落した頃、サラとイヴォンヌはカリフォルニア州ロサンゼルスにある古いアンバサダーホテルでの午餐会に招かれた。

政界や経済界の名だたる面々が集う会で、支援をしている日本の孤児院の話やベビーリフト作戦の成功についてスピーチするよう依頼されたのである。

当時、カリフォルニア州の知事であったロナルド・レーガンとその妻ナンシーもスピーチを頼まれていた。後の第40代大統領夫妻である。

プログラムが終わり、夫妻はサラとイヴォンヌと共に昼食の席に着いた。そのとき、レーガン夫人は二人にこう言った。

「あなたたちの成功はとても素晴らしいものだわ……。でも、アメリカにも子供たちの問題はたくさんあります。なぜ、この国の子供たちに目を向けないのですか？」

サラとイヴォンヌは息をのんだ。ナンシー・レーガンは続けた。

「あなたたちがアメリカの児童虐待の問題に取り組む姿を、私は見たいわ……」

二人は、さりげなく夫人にボールを投げ返した。

「児童虐待ですか？ 私たちが知る限り、日本やベトナムに見られるような児童の問題は、この国の中では見られませんが……」

しかしナンシー・レーガンはカリフォルニア州のファーストレディーとして夫の政治活動を支え、社会問題にも精通していた。

「児童虐待という問題は、この先、アメリカで新たに発生する大きな問題になると私は聞きました。でも、その対応策がとられていないのです」

サラとイヴォンヌは、ショックを受けた。

これまで国内の児童虐待のことを耳にしたことはなかった。他の多くのアメリカ人もそうだっただろう。

　ナンシー・レーガンは言う。

「これは人々が目をつぶり、国が目をつぶってきた問題なのです」

　それでもサラとイヴォンヌは、にわかには信じられなかった。

「では私たちは、その事実の実態調査を行います。そこでその問題が確認されれば、次に私たちはその方向へと努力をすることをお約束します」

　その頃のアメリカ社会には、児童虐待の認識がほとんどなかった。しかし後に上院委員会と共に行った実態調査の結果に、二人は絶句した。

　１９６０年代から１９７０年代初頭にかけて、それまでの戦争で人々の心は疲弊し、社会の荒廃が進んだ。アルコール中毒者、麻薬中毒者、犯罪が急増し、そのしわ寄せは児童虐待というかたちでアメリカ全土に蔓延していた。

　二人はこのときのことを、こう表現する。

「私たちの浅い知識と経験が剥がれ落ち、いかに無知で無邪気だったかを思い知らされた瞬間だった」

児童虐待＝戦争被害と考えていた二人の固定観念は、崩れた。児童虐待は身近な社会の闇に隠れていた。二人は振り返って言う。

「このとき、自国が抱える児童虐待という恐怖に、身体の底から震えた……」

サラとイヴォンヌは、さっそく国際孤児支援法人の方向転換を図る。

しかし、何から手をつけるべきか戸惑った。当時のアメリカには、虐待を受けている子供を救う術（すべ）がまったくなかった。

政府は動かない。市民団体もない。それどころか、人々の意識の中には子供は親の所有物という意識が強く、暴力を振るってもそれは躾であり、家庭内の教育だと考える人が多かった。育児放棄を警察に相談しても、貧困家庭によくあることとされ、事件の認識がないために動かない。

本当の問題は、「人々の意識の低さ」だった。

その頃、二人はすでにハリウッドの女優活動を引退しており、国際孤児支援法人は再び大々的な全国キャンペーンを繰り広げる。

二人は、アメリカ国内における児童虐待の実態を取り上げたドキュメンタリー番組を制作した。それはキャンペーンへの大きな追い風になり、「アメリカではじめてテレビに児童虐待が取り上げられた」番組と評された。この番組を見て「アメリカの人々が目覚めた」と言う人もいるほどだった。

キャンペーンは、アメリカ全土に大きなムーブメントを起こしたのである。

サラとイヴォンヌは、虐待された子供たちを保護する施設を建設することにも力を入れた。

加害者である親が逮捕されて虐待が終わったとしても、あとに残された子供の境遇は、当時、とても悲惨だった。突然、血縁があるというだけで親族に押しつけられたり、ろくな調査もされずに無責任な里親のもとにやられたりしていたため、やがて子供は家出をしたり、放り出されたりする例が多かった。

当時のアメリカには、そのような子供に対し、責任をもって保護する場所さえなかったのである。

当時のことを、チャイルドヘルプの最高執行責任者兼副社長であるジム・ヘビット氏が語る。
「今の君たちには信じられないかもしれないが、１９７０年ごろのアメリカには、児童虐待という意識が、まったくと言っていいほどなかった。チャイルドヘルプという組織は、そのゼロのところから努力してきた組織なのです」

ヘビット氏は敬虔なクリスチャンで、サラとイヴォンヌの脇を固める信頼の厚い人物である。アメリカの資産家たちにその巨額な資産の一部を慈善事業に使うように勧め、そのための資産管理会社を経営している。

チャイルドヘルプがＮＰＯでありながら助成金に頼らず、全国に児童虐待救済事業を繰り広げられるのは、彼のような誠実な資金運営者がいるからである。

ヘビット氏は話す。

第二次世界大戦後のアメリカ社会は、冷戦と朝鮮戦争、そしてベトナム戦争を抱え、幾度もインフレに襲われた。景気が低迷し、その直撃を受けたのは市民だった。失業率、犯罪率が急激に上昇し、アメリカ人の麻薬使用が一気に増加したのもこの時期である。
「アメリカには、親から暴力を受け、育児放棄をされて、まるで動物のように育ってしまう子供たちが、本当にたくさんいました……。

ひどく心を傷つけられて育った子供は感情のコントロールができず、その行動はまるで怯えて威嚇（いかく）する動物のようでした。育児放棄をされた子供は、人間らしい暮らしや社会性というものを教わっていないために、手で物を食べたり、どこでも排便したりと、行動が粗雑で不衛生だったのです。

そして、そういった子供が発見されるのは、罪を犯した親の逮捕による副産物のようなものだったのです」

彼は淡々と語る。

「地域の中でそのような子供を見かけても、人々は誰も気に留めることがなかった。親の暴力は躾、育児放棄は貧困だから、と。

麻薬やアルコールが蔓延し、犯罪が多発し、子供がその犠牲になっていても、アメリカ社会の中ではそれが異常であることに誰も気づかない、麻痺した社会だったのです」

ヘビット氏の話を聞いてはじめて気づいた。アメリカはずっと豊かな勝者の国というイメージがあるが、数々の戦争はやはり人々に大きな影を落とし、すでに半世紀前には民心は荒れ、虐待の連鎖が始まっていたのだ。

当時、親の逮捕などで保護者を失った子供は、心の治療も受けられず、親族や里親ともうまくいかずに結果ストリート・チルドレンになり、そのままホームレスになるということが多かった。彼らはホームレスのまま子供を産み、自分が育ってきたように自分の子供を虐待した。

この負の連鎖を断ち切るには、虐待されて育った子供の心の治療と教育が必要だった。サラとイヴォンヌは、そのための施設づくりを目指したのである。

しかし、壁にぶつかってしまう。

今でこそ、児童保護施設や養護施設は全州に設置されているが、その当時は「子供は親のもとで育てられるもの」という意識が当たり前だったため、どんなに暴力的でひどい親であっても、親権を主張されると子供は親に返さなければならなかった。

ヘビット氏は言う。

「当時のアメリカの法律は、子供を守るためではなく、虐待者である親を守るようなものだったのです」

サラとイヴォンヌは、法改正に挑む。といっても、アメリカは州によって法律が違うから各州を回り、政治家に会い、法律家に会い、法改正を訴えなければならなかった。

しかし、そもそも法律というのは、市民が望まなければ変えることができない。政治や法律を変えるのは、政治家ではなく、やはり市民の意識なのだ。

二人はいっそう市民の意識改革に取り組み、ようやくカリフォルニア州の法改正を実現した。そして1978年、カリフォルニア州ボーモントに、虐待を受けた子供たちの心の治療と新たな教育を目的とした、24時間治療型の養護施設「チルドレンズ・ヴィレッジ USA」を設立した。

ここは現在、多額の寄付をしてくれたアメリカの名俳優を記念して「マーヴ・グリフィン・ヴィレッジ」という名になっている。そしてこのマーヴ・グリフィン・ヴィレッジこそは、チャイルドヘルプの前身となった施設であり、活動なのである。

チルドレンズ・ヴィレッジ USAには、最初から大きな問題が立ちはだかった。

子供たちの心の治療を目的としたはよいが、その当時、心理学や精神医学はまだまだ未発達だったのだ。

虐待を受けていた子供たちは、昼も夜も記憶に怯えて泣いたり、突然怒ったりと、情緒不安定だった。悪夢にうなされて歩き回ったり、パニックになって施設を飛び出すこともあった。

職員たちは付ききりで子供たちを見守り、寄り添った。治療法が確立していないため、それしかできなかった。

サラとイヴォンヌは全国を駆け回り、心理学者や精神医学者たちに、虐待の記憶に苦しむ子供たちの心理治療を研究するよう依頼して回った。

そして当時まだ世間には知られていなかったアニマルセラピーやアートセラピー、ミュージックセラピー、スピリチュアル・セラピーなどを取り入れた。

ヘビット氏は言う。

「サラとイヴォンヌが設立した24時間型の治療養護施設は、当時、未発達だった心理学や精神医学の発展に大きく貢献したのです」

そしてサラとイヴォンヌは、次なる問題に挑んだ。前章で述べたホットラインだ。

事件がなければ、警察は動かない。警察が動かなければ、子供は保護されない。そうではなく、地域の家庭に隠されている虐待から早期に児童を救出しなければならない。

それにはまず、子供が直接助けを求められるところをつくらなければならない。そして虐待を目撃した人が、そのことを通報できる先も。

その課題に取り組んだのは、政治家でも警察でも役人でもなく、サラとイヴォンヌ、そして一般市民たちだった。

ホットラインは、チルドレンズ・ヴィレッジＵＳＡの一角に小さな部屋を設け、そこに電話線を引くことから始まった。当時はまだ珍しいパソコンを並べ、情報をデータ化し、アメリカではじめての児童虐待緊急通報ダイヤル「ナショナル・チャイルド・アビュース・ホットライン」としてスタートした。

それは最初から24時間365日、全国どこからでも無料だった。

ホットラインのスタッフは、当初10人ほどだった。が、番号が普及すると昼夜を問わずひっきりなしに電話が鳴るようなった。そこで浮き上がった問題は、ホットラインでわかった虐待のSOSを、すぐに初動につなげる仕組みがないことだった。

今は、第1章で述べたチルドレンズ・アドヴォカシー・センターが、その仕組みを具現化している。でも、もちろん最初はそのようなセンターはなかったのだ。

サラとイヴォンヌは、今度は「国際児童虐待・ネグレクト連合」の会長や、「全米児童連合」「国際児童福祉連盟」の理事を務め、各国のファーストレディーや大臣が集う国際会議に唯一の米国代表として赴き、国内外に初動対応の仕組みをつくるよう促していった。

ただ夢中で歩んだだけ

今でこそアメリカでは全州に政府の児童保護機関が置かれ、児童保護員が配置されている。それらは、警察や検察と連携をして児童虐待の捜査に取り組んでいる。初動を一括して担うチルドレンズ・アドヴォカシー・センターも全州に広がっている。被虐待児童の心の問題にも光が当てられ、心理治療の方法も数多く開発されている。そのいずれも、児童福祉の最先端は、サラとイヴォンヌが牽引してきた。もしも二人がいなかったならば、アメリカの児童福祉の歩みはもっと遅かったに違いない。いつもアメリカにならう日本も、今より体制の整備が遅れたかもしれない。

なぜ二人は、世界中の児童福祉が手本にするような、こんな大きなことを成しとげられたのだろうか？

伊勢湾台風後の東京で11人の混血孤児に出会ったとしても、堀内キンに預けて自国に帰り、その後は銀幕の世界で活躍して、セレブ生活を満喫することもできたはずだ。

しかし、彼女たちはそうしなかった。なぜだろう？

私は、二人が住む家を訪ねることにした。

サラとイヴォンヌは、どんな幼少期を送ったのだろうか？　このような人間が形成されるには、どういった人生の背景があったのだろうか？

第3章
サラとイヴォンヌ

２０１９年、クリスマス翌々日の12月27日。

クリスマスを家族と静かに過ごし、その後すぐに二人は私のために時間を割いてくれた。

現在、サラとイヴォンヌは、フェニックス市郊外の閑静な住宅に一緒に住んでいる。裏庭にお手伝いさんの小さな家があって、二人のために女性料理人が毎日、健康的な食事をつくっている。

イヴォンヌの夫は、彼女が若い頃に出演したドラマの制作プロデューサーだった。後に独立を果たし、多くの有名な番組をつくり上げる番組制作会社の社長となった。夫の死後、イヴォンヌはその会社の社長も兼任している。

サラは離婚を2回経験し、最後の夫は、朝鮮戦争とベトナム戦争で名指揮を執ったことで政治家や軍上層部では名が知られている退役大佐だった。

それぞれの夫は、どちらもサラとイヴォンヌの活動に理解を示し、支援を惜しまない最良の夫だった。

その夫たちが先立ち、イヴォンヌが、夫が遺した家にサラを呼び寄せて一緒に暮らしているのである。

自宅ゲート前に、私は車をとめた。

実は、二人の自宅を訪ねたのはこれがはじめてではない。インタビューにはこれまで裏口から訪ねていたのだが、大きな前庭のある正面ゲートに車を回したのは今回がはじめてだった。

第3章

サラとイヴォンヌ

ゲート越しに、コヨーテが前庭をゆうゆうと横切っていくのが見えた。コヨーテの侵入に気づかず、倉庫のほうへ歩いていくイヴォンヌの姿も見えた。

二人が小さな犬を2匹飼っていることを知っていた私は、コヨーテの侵入を知らせなければと、急いで玄関のベルを鳴らした。

ドアを開けてくれたのは、お手伝いさんだった。秘書も出迎えてくれた。遅れてサラが迎えてくれてハグを交わしたが、すぐにコヨーテが敷地内に入ってきていることを伝えた。

お手伝いさんは、あわてて犬たちの様子を見に行った。

大きな暖炉の周りにカウチが置かれた広いリビングに通され、サラと共にカウチに座ると、遅れて、白いマルチーズを抱いたイヴォンヌがほほえみながら座った。

二人はいつも衣装や柄を合わせていて、仲のいい姉妹のようである。このときは二人ともまだクリスマスの赤を基調とした服を着ていた。

私は、二人の生い立ちについて尋ねた。どんな幼少期を送ったのか。今につながる特別な出来事があったのか。私は、人のために尽くそうと生きている人の原点を探りたかった。

二人は快く、自身の生い立ちを話してくれた。

サラとイヴォンヌは、共に1935年に生まれた。イヴォンヌは目をきらめかせて「私は、サラよりも4か月ほど若いわ」と言い、サラはほほえむ。

二人の様子を見ていると、サラは強い意志を持って突き進むタイプで、イヴォンヌはサラのそばで静かにサポートするような立ち位置にいる。ケンカをしたことがなく、意見が合わないよりも合ってしまうのが常だと、彼女たちは言った。まるで、パズルのピースがぴったりと合うような二人である。

二人は、遠く離れた別々の州に生まれている。

サラはテネシー州ノックスビル市で、歯科医の父と教師の母のもとに生まれた。父親は真面目で子供思い。母親は、いつも教え子ににぎやかに囲まれるような優しい教師だったという。

イヴォンヌもまた、カリフォルニア州グレンデール市で教師をする父母のもとに生まれた。両親共に愛情に満ちあふれ、特に母親は音楽教師だったことから、幼いイヴォンヌに歌う喜びや、踊る楽しさを教えた。

第3章

サラとイヴォンヌ

サラもイヴォンヌも温かく子供への支援を厭わない両親のもとですくすくと育ち、どちらも母親が教師だったことから、二人とも子供の頃に描いた将来の夢は、母親と同じく教師になることだった。

どちらの家庭にも、家族揃って日曜礼拝に行く習慣があり、子供の頃からキリスト教の博愛の精神に触れていた。

サラは、16歳の誕生日に父から車を買ってもらった。その車で真っ先に、教会が運営する孤児院に向かい、子供たちを乗せてドライブに出かけたという。

イヴォンヌは、教会が毎年主催する子供キャンプが大好きだった。キャンプでは教会員たちが子供たちの悩みを聞き、心のカウンセリングを行っていた。その姿を見て、自分もいつかそのような大人になりたいと強く思っていたという。

青春期の10代、サラは勉学に励み、ニューヨークの大学からフランスに留学する。

イヴォンヌは映画が大好きになり、母の勧めもあって、歌って踊れる女優を目指して演劇スクールに入った。

そこにサラが遅れて入ったが、その頃はまだ二人に接点はない。サラがスクールに入った理由は、勉学だけでは世界が狭いと感じたからだった。

イヴォンヌはすでにデビューを果たしていた。ドラマに出演し、歌のレコードも出していた。デビュー曲は『Ting-A-Ling Telephone』(1957年)。彼女の結婚前の名前Yvonne Limeは、検索するとインターネットでもたくさんヒットする。

二人の運命は、共に17歳で出演したテレビシリーズ『オジーとハリエットの冒険』以降、まるで神の仕業としか思えないほどに重なっていく。

通っていた日曜教会が偶然同じだったことから一緒に教会に通うようになり、やがて一緒に住みはじめる。

イヴォンヌは自宅のあるグレンデール市から撮影所があるハリウッドまで、母親に毎日送ってもらっていたが、ハリウッドに部屋を借りていたサラがイヴォンヌを気遣って提案した。

そして、神はさらなる偶然を用意する。

東京、沖縄、韓国で興行を行う日本駐留アメリカ軍慰問団員の募集に、サラとイヴォンヌは別々に応募した。にもかかわらず、大勢の応募者の中から二人が選ばれたのだった。これには本人たちが驚いた。

そして二人は台風後の東京で、11人の混血孤児に出会う。それを契機として、それぞれによき伴侶を得て家庭を持ちながらも、二人は被虐待児童の救済という道を共に歩んでいくのである。

サラとイヴォンヌは両親に恵まれ、周囲の大人たちに恵まれ、そして夫に恵まれ、家族に恵まれ、友人に恵まれた人生だった。こんなにも恵まれた人生を送る人々を、私は他に知らない。

虐待が負の連鎖なら、優しさや愛情は正の連鎖を起こすのだろうか。

二人は、自分たちが受け取った愛情や優しさを虐待児たちに贈っているのだろうか。

率直に、二人に尋ねた。

「どうしてお二人には、こんなにも大きなことが成しとげられたのでしょうか？　そのままハリウッドで華やかなセレブ生活を送ることもできたのに、どうしてそのチャンスを捨てたのですか？　それは、誰にでもあるチャンスではありませんよ」

サラは言った。

「神が私たちに大切なことを見せてくださったのです。それは、東京で出会った11人の混血孤児たちとベトナムの戦災混血孤児たち、そして私たちの国で虐待を受けている子供たちです。私たちは、神が見せてくださったことにただ素直に向き合っただけです」

敬虔なクリスチャンであるサラは、深く神に感謝する口調で言った。そして、イヴォンヌが言う。

「私たちはとても未熟でした。いつまでも世間知らずの、ハリウッドに憧れる少女でした。でも、私たちの目に映る問題を避けて歩むことができなかったのです。とても大きな問題でしたが、目をそらすことなく、ただただ夢中に歩いたのです」

そして、サラが言う。

「そう、私たちは特別なことをしていません。ただひたすら歩んできただけなのです」

不思議だった。私には、この二人は神に選ばれた人だからとしか思えなかった。しかし二人は、ただ愚直に子供たちのことを考えていただけだと言う。

後に私は、サラとイヴォンヌのそばで働く秘書の女性に尋ねた。

「この仕事に就いて、サラとイヴォンヌからアドバイスをされたことがありますか？　あったら、どんなことだったか教えてください」

その答えは、サラとイヴォンヌを語るのに最も適しているような気がした。彼女はしばらく考え、こう言った。

「私は、アドバイスをもらったことがありません。あ、いえ、あのお二方はアドバイスをなさらないのです。いつも優しく接してくださいます。そして私たち職員に、いつもお願いをするのです。私の子供たちのために、よろしくね、というふうに……」

彼女は目を輝かせた。

「お二方は何もおっしゃいません。けれど、お二方の存在そのものが私たちのお手本なのです。私たちは、ただあのお二方の姿を追いかけるだけです。それが、とても大きな学びなのです」

私は彼女にほほえみ返した。私もそうなのかもしれなかった。

はじめて面会が叶うことになった2017年1月、朝、うっかりベッドに落ちてきたパソコンで顔に痣をつくりながら、パンクしかけの自転車を必死でこいだ。

何がなんでも遅刻したくなかった。

こんなにも会いたかった二人が、幸運にもチャンスを与えてくれたのだから。

戦争の惨禍により、親に育ててもらえなかった母。
でも私は、その母から溢れんばかりの愛情を受けて育った。
愛をありがとう。
何も返せないのにいいのですか。
ただ与えるだけの愛はどこから来るのか、私は、聞いてみたかった。

第4章
堀内キン

ママキンと呼ばれた女性

サラとイヴォンヌの心の中にはいつも、自分たちの人生の転機となった日本人女性、堀内キンの姿があるという。

チャイルドヘルプ本部の長い廊下には、年代順にいろいろな写真パネルが飾られている。チャイルドヘルプの創立から今までの歩みを表すそのパネルの最初に掲げられているのは、日本の堀内キンと子供たちの写真なのだ。二人は堀内キンを「ママキン」と呼んで慕っていた。

堀内キンが創立した『福音寮』は、世田谷区の児童養護施設として今も存在するが、実は創立者の名前は現在の関係者にほとんど知られていない。歴史資料も非常に少ない。

だが、サラとイヴォンヌが連れてきた11人の混血孤児をわけへだてなく受け入れた、この社会福祉家の横顔を知りたいと思い、できる限り調べてみた。

＊

堀内キンは1902年（明治35）、神奈川県小田原市の酒匂（さかわ）村に生まれた。江戸時代、暴れ川として知られた酒匂川が滔々と太平洋へと流れ出、その周りに豊かな田圃が広がる町である。

川が暴れなくなったのは、幾度もの治水工事の成果である。周辺の村には総出の夫役（ぶやく）が課された。酒匂村は江戸後期の農政家、二宮金次郎尊徳（1787〜1856年）の生まれ故郷栢山（かやま）村に近く、少年金次郎も病身の父に代わって夫役に出たという。それだけでなく、築かれた堤防に自らの子守り賃をはたいて後々土手を守る松の苗を植えた。

そのような二宮尊徳の思想も影響しているのか、明治の頃、酒匂村は篤農家を輩出している。日本の農村の鑑（かがみ）のような村である。そのような村で、堀内キンは生まれた。

キンの父は土木、鳶、大工、農業など何でもこなし、いい加減な生き方を嫌う厳格な気質だったという。母は子育てや家事のかたわら、輸出用のハンカチづくりに精を出し、家計を助けていた。よく働く両親であった。

キンは「苦労を惜しまず、一生懸命に人に尽くすように」と父に教えられて育った。父母の汗水流して働く姿は、その後キンが戦災孤児たちを育てていくときの信念ともなった。

1919年（大正8）、17歳になったキンは東京・神田小川町の加古病院に看護修業に入り、翌年、同じく東京・芝三田四国町の産婆看護婦学校に入学する。父の教えの通り、人に尽くす仕事を選び、女性の自立できる道を選んだ。仕事を持つ女性を「職業婦人」と呼びはじめた頃であり、当時の看護婦はその代表的な職種であった。キンは看護学校の卒業後、さまざまな病院や医院で看護婦として働いた。

ちょうど19世紀半ばから20世紀半ばにかけ、ペストが世界的なパンデミックを引き起こしていた。ネズミを媒介とするペストは貿易を通じて日本にも持ちこまれ、各地で多くの死者を出した。1899年から1926年までの国内の死亡者数は2420人にのぼる。

キンは看護婦として決死の看護にあたっていたが、そこに関東大震災（1923年、大正12）が起こる。ペスト患者たちを抱えるキンの病院にもおびただしい数の震災による負傷者が運ばれてきた。

看護婦たちは、今では考えられないが「一昼夜勤」という24時間拘束の勤務をこなし、それが終わると消毒風呂に入り、次に普通の風呂に入ってからようやく帰宅が許された。キンもそんな過酷な日々を無我夢中で過ごした。

数年後、キンは在宅看護婦となり、それまでの野戦病院のような現場から、一人ひとりをていねいに看る在宅看護の現場を選んだ。晩年、キンはこんな言葉を発している。

「働くとは、はた（他人）を、らく（楽）にすること」

本当に、いつもそういう気持ちで働いていたのだろう。キンのずっと変わらない献身的な心が見えるようだ。

太平洋戦争末期の１９４４年、日本の本土にアメリカの爆撃機B29が飛来するようになると、キンは、いつか東京も空襲を受けるだろうと思うようになった。それを避けて実家のある小田原に帰ることを考えていたが、日赤病院の看護婦長たっての頼みで豊島屋という、神田美土代町にある古い酒問屋の2階を借りて療養中の、何人かの患者のために住みこみの看護を引き受けた。

しかし１９４５年3月10日の夜、空襲警報が鳴り響き、焼夷弾が豊島屋の3階の屋根を突き破って炸裂した。衝撃で吹き飛ばされたキンは気を失ってしまう。目が覚めると上の階から螺旋階段を伝って煙が下りてきており、キンの周りに垂れこめていた。問屋一家はみなすでに逃げた様子だったので、キンも急いで逃げようと階段に向かった。

ふととなりの部屋を見ると、一人の患者が逃げられずに布団の中で天井を見つめていた。その患者を背負い、キンはやっとの思いで玄関まで下りた。

幸いにも下駄が1足残されていたのでそれを履きかけたが、玄関戸のガラス窓には焼夷弾の油がべったりと付着し、3本の細い火柱が立っていた。キンは、はっとした。この状態でもし油を浴びれば、頭から燃えてしまう。

再び下駄を脱いで院内を探し回り、1つだけ残されていた防空頭巾を見つけた。それを患者の頭にかぶせ、再び背負って外に出た。


すでに空は地上の火焰を映して真っ赤に染まり、道路は焼夷弾の油にまみれてメラメラと燃えあがっていた。火がついていない場所も、油で足がツルツル滑った。キンは必死に駆け、救護所になっていた神田錦町の島津青年会館（現・島津製作所東京支社）に駆けこんだ。その場所にも火が迫っていた。

背中から患者を降ろすと、館内で任務にあたっていた看護婦が急ぎ足でやってきて、患者の頭にペタリと番号札を貼った。そして、救急室にその患者を入れるようにと言った。

言われるままに救急室に患者を運ぶと、そこは暗闇で、出産間近の妊婦や手術途中らしき患者、そして怪我を負って逃げてきた人たちでいっぱいだった。うめき声、泣き叫ぶ声が響く中、懐中電灯の明かりを頼りに看護婦たちが処置をしていた。

キンは、ここまで背負ってきた患者の身体がひどく冷えていることに気づいたが、毛布などあるわけもなく、自分のモンペを脱いではかせ、手足をさすって温めた。ようやく患者の震えが止まり、キンは救急室の外に出てなにげなく廊下の奥に目をやった。そこには無造作に、60人ほどの死体が転がされていた。

キンは息をのんだ。しかし、その直後に思った。自分もこの死体の一つになっていたかもしれなかった、と。

その夜の空襲は、一晩で約10万人の命を奪った。３００機以上の爆撃機が約38万発、１７００トンの焼夷弾を落とし、東京の下町が全滅した、いわゆる「東京大空襲」だった。

キンは、その体験を後にこう記している。

　思い返せば——、
あの戦時下の大空襲が、私の運命の道を変えたのではないか、と考える。

もし、少しでもその歯車が狂っていたならば、焼夷弾の直撃を受けて、累々たる死体の仲間に入っても不思議ではなかったし、あるいは直接、その空襲の恐怖など受けずに、安逸な生活を送っていたなら、今日の事業（福音寮創設）は、成り立たなかったのかもしれない。

キンはあのとき廊下の隅に放置された、否、放置せざるをえなかった多くの亡骸に直面して思った。

焼夷弾に焼かれていたかもしれないこの命、これからどう使おうか……。

*

東京大空襲の後、キンは飛行機のエンジン音を聞くだけで胸が締めつけられる症状に陥るようになり、小田原の母の実家に身を寄せた。持ち物を売ってなんとか食べていたが、神奈川の空にも爆撃機が飛来するようになったため、4歳の甥を連れて箱根山中の民家の一室に隠れた。

それからしばらくして、小田原も空襲に遭った。幸い、実家は爆撃を免れたが、もうどこに行っても空襲に怯えて暮らすしかないのかと、キンは思いつめた。そして、「いっそ母のところに戻って一緒に終わりを迎えよう」と、山を下りる決心をした。

市内に戻ると、人々の様子がいつもと違った。地べたにひざまずき、大の男が声を上げて泣いていた。女性たちも顔に手を当て、しくしくと泣いている。

キンが戻った日は8月15日、正午の玉音放送が日本の敗戦を伝えた日だった。

みなが悲しみに暮れる様子を、キンは呆然と眺めた。戦争が終わったからといって、どうすればいいというのか？　家を焼かれ、何もかも失った人々が、これからどう生きていかれようか？

キンは、もう空襲の恐怖に怯えなくてすむと思いつつも、途方に暮れて立ちつくした。

そこへどこからか、子供たちの泣き声が聞こえてきた。キンはその声のほうへと歩いた。声は、都会の子供たちを学童疎開させている、市内の大きな旅館からもれていた。

子供たちは、大人に「もう戦争が終わったのだから、家に帰るように」と言われたのだった。しかし「空襲で家は焼けてしまった」「家族はみな死んでしまった」「帰る場所がない」子供たちに、いきなりどうしろというのだ。わんわんと泣く子供を前に、どうしていいものやら、と、先生たちもオロオロするばかりのようだった。
キンは、それをぼんやりと眺めていた。救護所で見た、あの死体の山が頭に浮かんだ。空襲の中、我が子を置いて死んでいかねばならなかった母親たちは、どんなに無念だったことだろう……。

キンは、その日のことをこう回想する。

自分は大人なのだから、大人たちがダメにしたこの社会を、この子供たちのために、なんとかしてやらなければならない。困り果てて、泣いている子供たちを、なんとか泣かせずには、できないものだろうか。もしくは、あの子供たちに、心のよりどころをつくってあげられないものだろうか。

以来、キンは子供たちのことを考え続けた。敗戦後、人々の心は疲弊し、他を思いやる余裕はなかった。国も、戦争によって親を失った子供の支援に動きだすことはなかった。親を失った子供たちは、住むところも食べる物もない状態で放り出されていた。

第4章

堀内キン

何かに導かれるように、偶然の出会いが連続する。

キンは箱根の人々と話をするうちに、ドイツの貿易商フリード家の二人の令嬢が風呂に入れず困っていると耳にする。困っている人を放っておけないキンは、彼女たちの世話を買って出た。二人は非常に感謝し、キンをお茶に招待した。

その席でキンは、戦争で親を失った孤児たちをなんとかしてあげたいのだと、自らの思いを話した。するとフリード家の娘たちは、石原キクという女性をキンに紹介した。

石原キクは、アメリカ人宣教師ジュネヴィーヴ・タッピング（1863〜1953年）が設立した保母の養成学校、東京保姆伝習所（後の彰栄保育福祉専門学校）の卒業生である。キクはタッピングの援助でアメリカ留学の経験があり、進歩的な考えを持つ女性でもあった。フリード家の令嬢たちが紹介した頃、キクは年老いたタッピングの身の回りの世話をしていた。

キンはキクに連れられ、世田谷区上北沢に住むタッピングを訪ねた。

ジュネヴィーヴ・タッピングは1895年（明治28）にアメリカ・バプテスト派教会の宣教師として来日した。夫ヘンリーも宣教師であり、伝道のかたわら岩手・盛岡中学校で英語を教えていた際には、宮沢賢治に聖書の手ほどきをしたとされる。盛岡城跡には、タッピング一家との交流を綴った賢治の詩碑がある。

キリスト教精神に基づく社会福祉のあり方を明治・大正・昭和と伝え続けた一家であった。夫妻は娘と息子、そしてその妻と共に日本に骨を埋めている。

とりわけ、ジュネヴィーヴは幼児教育の大切さを日本に強く訴えた。シカゴ師範学校で幼児教育を専攻した彼女は、来日の翌年には30代で東京築地居留地の自宅を開放し、幼稚園を開いただけでなく、東京保姆伝習所も創設した。そして40代で、夫の転勤先の盛岡に盛岡幼稚園を開いた。園児の中には、後の女優、長岡輝子がいる。

ちなみに長岡は、ＮＨＫ朝の連続テレビ小説『おしん』（１９８３年）で、おしんの奉公先・加賀屋の大奥様「くに」役を演じたことで知られる。くには8歳で奉公に出されたおしんに読み書きや計算を教え、学ぶことの大切さを伝えておしんを温かく見守った。どこかジュネヴィーヴと通じる、不思議なつながりである。

ジュネヴィーヴ・タッピングは、キンが訪ねたとき82歳になっていた。しかしその活躍ぶりは衰えを見せることなく、ＧＨＱ総司令官のマッカーサーに直接会いに行き、日本の戦災孤児を救済するための事業への協力と、その約束を取りつけていた。

キンは、タッピングに思いのたけをすべて話した。すると彼女はキンの目を見つめ、こう言ったのだった。

「あなたならできる。おやりなさい」

その言葉に背中を押され、キンは私財すべてをなげうって世田谷区上北沢にある満鉄寮（旧満洲鉄道の寮）の１階部分を借り、『福音寮』と名づけて戦災孤児の救済活動を始めた。

２階部分は、満洲からの引き揚げ者やその家族が暮らしており、１階は天井からの水もれがひどく、ところどころ壊れていて家財道具もなかったが、キンは毎日のように上野や浅草、東京の駅周辺へ出かけ、路上で寝ている子供たちに声をかけた。子供たちを福音寮に連れてきて、就学年齢の子はすぐに学校に通わせ、親戚縁者がいると言う子は、その親戚を探し出して受け入れてくれるよう、話し合いをした。


日本政府が全国の戦災孤児問題に着手したのは１９４７年のことだ。ＧＨＱの指導で児童福祉法が公布され、ようやく各地に戦災孤児のための施設が建てられるようになった。

戦後、そういう施設は全国に２８０か所ほど存在したが、そのうち政府機関による運営は40か所、政府の後援機関による運営は20か所ほどで、残りの約２２０か所、つまりおおかたの孤児施設は、アメリカ人宣教師の慈善団体やキンのような民間人のボランティアで運営されていた。

民間の運営する孤児施設は、どこも困窮を極めた。キンも子供たちと必死に知恵を絞り、風呂を沸かす落ち葉やご飯を炊く焚き木を拾い集めた。線路際を歩き、貨物列車からこぼれ落ちた石炭のかけらを拾って燃料にした。石鹸がないため、シラミだらけの子供たちの服を洗濯するのはひと苦労で、キンは自分の着物を解いて子供たちの服を縫った。

遊び回って帰ってくる子供たちの服には、いつも新しい穴が開いていた。キンは毎晩穴を繕い、どんな端切れでも大切にとっておいて、それらをつなぎ合わせて1枚のかけ布団をつくった。

食べ物は、農家を回って少し傷んでいる野菜や間引いた若葉、芋のツルやキャベツの外葉など、食べられそうなものは何でももらってきた。

オオバコやハコベなど道端の野草はおひたしにし、みそ汁に入れた。春になると福音寮周辺のたんぽぽはすべて子供たちの胃に収まった。

薬もなかったので、キンは野山で薬草を摘んで腹の薬や傷薬をつくった。

キンの生活は、子供たちを中心にして目まぐるしく過ぎていった。

学校が終わると子供たちは遊びに夢中になり、靴や下駄をどこかに脱ぎ捨てて裸足のまま帰ってきてしまう。その靴や下駄を探し回るのも、キンの日課だった。

最もキンを困らせたのは、子供たちの盗み癖である。

上野駅や東京駅での浮浪児生活が身に沁みこんでしまっていて、キンが方々で頭を下げてもらってきた物でも寮から持ち出し、闇市で売りさばいて、そのお金で腹いっぱい食べて帰ってくるのである。

当時のキンと子供たちの様子が知りたくて、私は取材中のある日、福音寮の近くにある古い教会に立ち寄ってみた。松沢教会という。そこは１９３１年に賀川豊彦（１８８８〜１９６０年）によって創立された。賀川は牧師であり、当時の日本における名だたる社会活動家でもあった。

前述したタッピング夫妻は、長く賀川を支援し続けたと伝えられる。賀川は労働者や農民を救うため、労働組合、国民健康保険、農業協同組合などの礎（いしずえ）をつくった。日本における「貧民街の聖者」と呼ばれ、むしろ国外から高く評価されている。

実はキンは賀川に誘われ、少しの間、この教会に通っていたことがある。ただ、教会に所属しても子供たちの世話で忙殺されるキンには活動する余裕がなかった。そのため、結局、遠ざかってしまったのだが、それでもキンの足跡が残っていないかと、吸い寄せられるように立ち寄ったのだった。

教会というのは、いつでも誰にでも開かれている。

敷地内を歩く見知らぬ人間に対しても、教会員たちはにこやかに挨拶をしてくれた。聖堂からは、聖歌を練習する歌声が聞こえていた。

週末の行事に備えて清掃作業を行う教会員たちに、終わる頃を見計らって声をかけ、堀内キンや福音寮のことを覚えていないかと尋ねた。

すると、何人かのお年寄りが懐かしそうに語ってくれた。

「私は子供の頃、福音寮の子供たちとよく遊んだよ。とにかく福音寮の男の子たちはケンカが強くてね。怖かったなあ。相撲も強くて敵(かな)わなかった。このあたりの子供たちの中で、負けん気だけは一番だった」

私は尋ねた。

「今で言う、不良少年みたいな感じですか?」

第4章
堀内キン

おじいさんは言う。

「いやいや、悪い子はいなかったよ。悪くはないけれど……怖さを持っていた。たぶん、親がいないということで差別を受けるから、自分で自分の身を守らなければならない。鎧を身にまとっていたんだろうねえ……」

「キンさんは、どんな方ですか？」

「寮母のキンさんは、子供たちが外でバカにされないように厳しく育てていたから、とても怖いお母さんという感じだったよ。よく福音寮から、キンさんの叱る声が聞こえていた。やんちゃな子供たちが、いつもいたずらをして駆け回っていたからね。キンさんも、大声を出さなければいけなかったんだろうねえ」


現在残っている堀内キンの写真は、どれもふくよかな着物姿である。その雰囲気は、たとえて言うなら土間の台所でカボチャの煮つけやジャガイモの煮っころがしをつくっている、昔の「おっかさん」そのものだ。

教会員の方々に話を聞くまでは、私は写真の印象で、キンは『サザエさん』の母親の「ふね」さんのような人物かと想像していた。が、どうやら実像はむしろ『ドラえもん』に出てくるジャイアンの「かあちゃん」のほうが近いようであった。ガキ大将の息子を、それに勝る迫力で叱る、肝っ玉かあちゃんのイメージである。

考えてみれば確かに、看護婦として働いていたキンの、生来の献身的な温かさや優しさだけでは、誰からも見捨てられて路上で暮らしてきた子供たちを育てあげることはできなかっただろう。

福音寮の子供たちに対して、キンは、母であると同時に父である必要があったのではないか。愛ゆえに子を甘やかさない、親の躾や厳しさというものも、子供たちが立派に育つには不可欠だっただろうからだ。大声で叱るのも、きっとキンの体当たりの愛情だったに違いない。私はそう思った。

おじいさんは、こうも言った。

「とにかく、キンさんは一生懸命だった。あの当時は貧しくて、本当に大変な時代だったからね……」

松沢教会から歩いて3分もしないうちに、現在の福音寮がある。今も、さまざまな事情で親と暮らせない子供たちが暮らしている。

建物の近くにたどり着く前から、学校の放課後のような、子供たちのにぎやかな声が響

第4章

堀内キン

福音寮の集合写真。右端中段に堀内キン。中央に子らを抱くサラ、その左にイヴォンヌ

いていた。きっと、あの頃もこんなふうに子供たちの元気な声が響いていたことだろう。

子らを抱えて毎日奮闘するキンの様子が、目に浮かぶようだった。

1952年、GHQは、その活動を終了すると発表した。進駐軍がいなくなると、それまで戦災孤児の救済活動を支援してくれていた外国人たちも次々に帰国していった。政府の公的支援などなかった時代、福音寮のキンと子供たちは身を寄せ合って苦しい暮らしを共に送った。

そして1959年、キンの前にサラとイヴォンヌが現れる。行き場のない11人の子供を連れて。

そこからは、前章で述べた通りである。サラとイヴォンヌは、孤児院の暮らし向きがますます厳しくなることが予想されるにもかかわらず、子供たちを引き受けてくれたキンに深く感謝し、親しみをこめてママキンと呼んで、その後長く援助を続けた。

終戦から14年の時がたっていた。その間、戦災孤児の問題は少しずつ改善されたが、まさにサラとイヴォンヌ、そしてキンが直面したように、戦後社会には、もうひとつの問題が浮かび上がっていた。

混血孤児の問題である。

澤田美喜

「あなたはミキ・サワダを知っていますか?」

第4章

堀内キン

はじめてサラがそう尋ねたとき、私はその人物をまったく知らなかった。

サラは言う。

「日本には多くの戦災孤児がいました。その中でも混血の孤児たちは、ひどい差別を受けていたのです。ミキ・サワダはその混血孤児のために人生を捧げた人です」

後に、澤田美喜（1901〜1980年）は、日本の児童福祉の歴史の中でこの問題に敢然と立ち上がり、生来のセレブリティーとして国内外の政官財界人を巻きこみ、混血孤児の救済に奔走した、太陽のような存在であったと知った。

戦後復興の陰で差別を受け捨てられる混血孤児たちの親となり、神奈川県・大磯町にその養育施設「エリザベス・サンダース・ホーム」（1948年〜）を創立した女性であった。

もし、サラとイヴォンヌが11人の混血孤児の受け入れ先に困っていたとき、軍に澤田美喜を紹介されたならどうだったかと思うことがある。しかし彼女の活動は、当初、GHQと日本政府のどちらからもにらまれていたというから、その可能性は薄かったかもしれない。

いずれにせよサラとイヴォンヌは、アメリカから堀内キンを支え続けただけでなく、のちに澤田美喜に対しても多方面の支援を行っている。

すでに、澤田美喜に関する評伝や映像資料はたくさんあるので、ここでは簡潔にその足跡をたどる。

1901年（明治34）、美喜は三菱合資会社社長岩崎久彌の長女として生まれた。久彌の父は岩崎彌太郎。つまり美喜は三菱財閥創業者の孫として生をうけたのである。兄3人に囲まれて育ち、柔道で兄を負かすなど活発な少女だった。学校はお茶の水の東京女子高等師範学校、高等女学校へと進んだが中退。家庭教師をつけることになり、その英語教師を務めたのが津田梅子であった。津田梅子は後に津田塾大学を創立する、日本の女子教育の先駆者である。

美喜は20歳で外交官の澤田廉三と結婚し、アルゼンチン、北京、ロンドン、パリ、ニューヨークへと移り住む。海外生活では、津田梅子に学んだ英語力で臆することなく社交界へ出ていき、1936年に帰国するまで幅広い人脈を築いた。

廉三がロンドンに赴任した際、知人に誘われて郊外の孤児院「ドクター・バーナードス・ホーム」を訪ねた。木々や草花に囲まれた森の中に宿舎があり、小・中・高校までの学校が併設されていた。職業訓練施設まで敷地内にあった。何より子供たちが明るく、健やかに育つ様子に美喜は感動する。この経験が、後のエリザベス・サンダース・ホーム設立に生かされる。

第4章
堀内キン

1947年2月のこと。戦後の混乱の中、大勢の人でごったがえす列車に美喜は乗っていた。すると荷物が満載された真上の網棚から、車両の揺れと同時に、下に座る美喜の膝にどさっと紙包みが落ちてきた。

中を開くと、生まれてまもない黒い肌の赤ん坊の遺体が包まれていた。

美喜は驚いた。が、周りの乗客もまた驚き、騒ぎはじめた。

「お前の子か？」

「なんて女だ」

「警察を呼べ！」

赤ん坊を死なせた母親に間違えられた美喜は、警察署に連れていかれた。嫌疑が晴れたものの、その夜、眠りにつくことができなかった。あの嬰児の遺体が脳裏から離れなかった。そして夫に相談した。兵士との間に生まれ、捨てられてしまう赤子のために、何かしなければと一晩考え続けていたことを。廉三は理解を示した。

当時、岩崎家はGHQによる財閥解体で資産が凍結され、邸宅などは接収されていた。

美喜はGHQに足を運び、大磯にある旧岩崎家別荘地に、混血孤児たちのための孤児院をつくらせてほしいと頼んだ。

敗戦国であり、アメリカの占領下にある日本が、アメリカ兵士との間に生まれる混血児の問題に着手するとは思いもよらなかっただろう。それに、アメリカ軍にとって占領国における兵士の不適切な行状の結果は、直視したくない事実だった。美喜の活動に協力すれば非を認めたも同然である。まともに取り合おうとしないＧＨＱに対して美喜は弾呵することもあった。

結局ＧＨＱは「買い戻すならば」という条件をつけて承諾するが、かき集めても買い戻す資金に足りなかった。そこに朗報が入る。

三井財閥の一族、三井高精のロンドンで生まれた長男の養育係として雇われていたエリザベス・サンダースという女性が、生涯独身のまま日本で生涯を終えた。

その遺産（当時のお金で６万円余　現在の貨幣価値で約５億円）の行く当てがなく、周囲の人たちが検討した結果、混血孤児のための孤児院を計画している澤田美喜に寄付しようということになったのである。

おかげで買い戻して建設することができた孤児院に、美喜はエリザベス・サンダースの名を記した。

その時代、一般の日本の学校は混血児の入学にいい顔をしなかった。入学できてもいじめられた。

そのため、美喜はドクター・バーナードス・ホームを手本に敷地内に学校をつくり、職業訓練校も併設した。美喜の教育方針は厳しかった。

「資格を持っていれば、どんな人でも尊重される」

美喜の持論のもと、子供たちには最低2つ以上の資格を取らせたという。

私はキンがいつも子供のやんちゃを大声で叱っていたことを思い出す。美喜も子供たちを育てるに際し、ときに優しい母、ときに厳しい父という、両親の役割を担わざるをえなかったに違いない。

美喜は語る。

子供はよく「ままごと」をして遊ぶけれど、ホームの子供たちのままごとには福祉施設の職員や登記所の役人、医師などが出てきた。そして最後は、お巡りさんが来て叱られるといったものだった。

成長してホームを出ても、その人生はままごとのストーリーとよく似ていた。生きづらさに苦しみ、問題を起こすたびに、自分は警察へ身柄の引き受けに行った、と。

その頃、混血の子供たちが日本で生きていくのは過酷なことだった。心を痛めた澤田美喜は、子供たちの活路を国外へと求めていく。海外での養子縁組である。

受け入れ先の手伝いをしたのが、サラとイヴォンヌだった。二人の設立した国際孤児支援法人が、アメリカ側の窓口となったのである。

当時は、国をまたぐ養子縁組に関する法律が、日本にもアメリカにも存在しなかった。そのため、澤田美喜、サラとイヴォンヌは、それぞれの国で法律をつくるところから始めたのである。

エリザベス・サンダース・ホームで育った約2000人の子供のうち、半数が海を渡り、新たな家族のもとへと迎えられていった。

美喜は、ホームの卒業生たちが差別なく働ける場所づくりも構想する。ブラジルへ移住し、アマゾン川流域の土地を開墾する「聖ステパノ農場」である。

子供たちは小岩井農場で農業を学び、三菱重工で技術を身につけ、1965年にブラジルへと渡る。

そのブラジルの土地も、美喜から相談を受けたサラとイヴォンヌが探し回り、サラの最初の夫であったジョン・ホプキンス氏が無償で提供した土地だった。

結局、ブラジルでは、混血であるというよりアジア人ということで差別を受けた。どこに行っても差別を逃れることはできなかった。1975年に農場は閉鎖、彼らは帰国した。

第4章
堀内キン

それでも晩年、美喜はインタビューに凜としてこう答えている。

「私は差別を受け、抑圧される側に立ちたいのです」

列車の中で嬰児の亡骸を受けとめてから、児童救済を模索し続けた生涯であった。

取材中のある日、私は大磯のエリザベス・サンダース・ホームとそれに隣接する澤田美喜記念館を訪れた。

ホームの敷地（旧岩崎家別荘地）は、木々が茂る小山の高台にある。周りは、地滑りを防ぐコンクリートで囲まれており、それはまるでヨーロッパの城塞のようだった。

そのふもとに、人が往来できるだけの細いトンネルが掘られている。ホームはその先にあった。

トンネルの中へ足を進めると、ひんやりとした湿気に包まれた。山土から地下水が沁みだしていて、ところどころ、ポタポタと水滴が落ちてくるのだ。薄暗く、同行の編集者が履いたヒールの音だけがコツコツと響いた。

かつてこのトンネルの前には、朝になるとお願いしますとばかりに赤子が置かれていたという。

トンネルの真ん中まで来て、美喜に子を託していった母親もいた。

私は真ん中に立って、両側の開口部を代わる代わる眺めた。どちらが入り口で、どちらが出口か、見方によって変わるだろうが、暗く湿ったトンネルはまるで産道のように思えた。

ここに来られず、ひっそりと葬られた命も多かっただろう。でもこの道を抜ければ、厳しくも暖かい〝太陽〟が、すべての子供の命を愛(いと)おしみ育むのを待っていた。

谷口乗麟

もうひとり、戦後日本の児童福祉に力を尽くした女性の話をしておきたい。

澤田美喜のように有名ではないが、富山で戦災孤児の救済に奔走した尼僧である。

前述したように、私の母は生後7か月で富山大空襲に遭い、その後生みの親に育ててもらうことは叶わなかった。親戚の家を転々とし、5歳の頃、見知らぬ女の人がやってきてこう言われたという。

「施設に行くかい？」

母は施設が何かもわからずに「ううん。ここに居る」と首を振り、養母が「それなら、ここにおられ」と言ってその家で暮らすことになった。

その女の人が親戚だったのか、近所の人だったのか、それとも役場の厚生係の人だったのかはわからない。だが、女の人がそう尋ねたのは、女手一つですでに5人の子を育てていた養母を思ってのことだったろう。

養母は、私の母にとって叔母にあたる女性だった。当時、親戚の家でも引き取ってもらえない戦争孤児たちが多くいたことを思えば、母は幸いだった。

養母は夫に早くに先立たれ、戦時中は地域の警防団などにも男手を出すことができなかったため、代わりに物品の供出を求められて家財をほとんどなくし、困窮していた。子供が1人増えることは負担になるのは目に見えていたが、そんな苦労を見せずに我が子と同様に私の母を育ててくれた。

もしもそのとき、母が女の人に「うん、行く」と答えていたら、どんな人生が待っていただろう。

父とは出会えただろうか。私は生まれていただろうか。

母が預けられたかもしれない富山の養護施設のことを、調べてみた。

堀内キンの福音寮と同じように、戦後すぐに創設され、戦災孤児たちを受け入れたという歴史を持つ。そこに谷口乗麟（じょうりん）という尼僧がいた。富山児童養護施設「ルンビニ園」の設立者である。

第4章

堀内キン

乗麟は雪国の小さな尼寺に、東京上野から浮浪児たちを連れてきた。そこからである。仏に仕えて子育てをしたことがない尼たちは、上野の闇市で盗みを働いて生き抜いてきた子供たちを相手に奮闘した。

子供たちは親を亡くし、親戚もなく、国の救済もなく、路上で自分たちの力だけで生きのびていた。食べられそうな物なら、落ちている物でも、捨てられた物でも拾って食べた。物乞いや窃盗もした。寒さをしのぐために、駅の地下道で暮らしていた。人々は彼らを「駅っ子」、「駅の子」と呼んだ。

1948年（昭和23）に発表された厚生省（当時）の調査では、全国の戦災孤児数は（沖縄を除き）12万3511人と発表されている。が、この数に浮浪児は入っていない。路上で暮らす浮浪児は、住所がなかったために、数えることができなかった。推定では、当時、約3万5000人の浮浪児がいたと言われている。

東京大空襲で浮浪児となった子供には、学童疎開の年齢である8歳に達しない幼い子が多かった。親と一緒に空襲に遭い、子供だけが生き残ったのだ。

丸焼けになった都市のど真ん中で、5歳や6歳でどうやって生きていくのか。地を這い、ゴミをあさり、寒さに震えながら地べたの上で寝るしかない。垢だらけで虫がわき、臭いを放ち、なりふり構わず獣のように生きるしかない。

女の浮浪児も、1〜2割ほどいたと言われている。実態はあまりわからないが、悪い大人にだまされ、幼い身体を売って食べ物を得ていた例も少なくないという。

当時の記録には、まだ13歳で梅毒3期（脳やせき髄、臓器への深刻な症状）と診断された女の子のケースが残されている。闇市では元締めのもとでスリの仕方を仕こまれ、犯罪に手を染めていく子供たちも多かった。

世間は次第にそんな浮浪児たちを無関心ではなく、嫌悪の目で見るようになっていった。

終戦の翌年、政府はGHQの指導のもとで浮浪児の問題に取りかかった。警察官は子供たちを孤児院に送るべく、包囲してはトラックに追いこんだ。野良犬を捕まえるような様子に、当時の人々はそれを「浮浪児狩り」「いっせい狩り」などと呼んだ。実際、捕まえた子供たちは「1匹、2匹」と数えられていたという。

都内で捕まった「駅っ子」の7割は、7歳から10歳だった。ある収容施設は東京湾の品川沖に建てられ、劣悪な環境で脱走不可能な刑務所のようだったという。逃げだした子供たちは溺死したという。

なかにはいい職員と環境に恵まれた施設もあっただろう。が、当時の児童保護が、しばしば人権を無視したやり方と条件下で行われていたことは否めない。

上野の狩りこみで捕まった子供たちの幾人かが富山の尼寺にやってきたのは終戦の年、雪降る12月のことだった。

突然、胸まで埋まるほどの深い雪国に連れてこられて、子供たちは目を丸くした。しかもボロ寺。どこもかしこも隙間だらけで、寝ていると布団の上に雪が積もるほどだった。

遡って10月、曹洞宗の尼僧団は全国から評議員を招集した。

「あの路上で暮らしている子供たちは見るに忍びない。どうにかできないものだろうか？」

もともと曹洞宗には日々の生活すべてを禅の修行ととらえ、「三心(さんしん)」といって、奉仕の心（喜心）と他を思いやる心（老心）、そしてゆったりと大きくこだわりのない心（大心）

を持って何事も行うという道元禅師以来の労働精神がある。

全国的な救護ネットワークをつくろうという声も上がった。ただ、多くの尼僧たちは、子供を育てた経験を持たない自分たちに、ちゃんと戦災孤児たちの世話ができるだろうかという不安を口にした。

そんななか、すっと手を挙げたのが、谷口節道（せつどう）という尼僧だった。後の僧名、谷口乗麟である。

谷口乗麟は、本名を石塚セツという。1901年（明治34）生まれ。谷口という姓は養子に入った尼寺の庵主（あんじゅ）のもので、その寺を継いだ。

若い頃、学校の先生になる夢があったが、その頃、富山で女性が先生になれるチャンスは少なかった。仏門に入った後も学びの道を求め、曹洞宗の宗門大学である駒澤大学への入学を希望する。しかし当時、そこは「尼僧に学問は要らず」と入学を認めていなかった。

それでも扉を叩き続け、節道尼は自分の力でそれを開いた。大学では国漢専門部に籍を置き、曹洞宗の始祖道元の思想を深く学んだという。

卒業後は、横浜・鶴見の大本山總持寺に勤め、農繁期の託児所の手伝いをし、保母となって、その後も各地の寺が運営する幼稚園や託児所に赴任した。

第4章

堀内キン

本土空襲が激化した1945年、節道尼は横浜市の託児所にいた。

横浜は工業地帯や商業地が多く、アメリカ軍の標的にならないはずがなかった。まもなく空襲に遭って託児所が燃えてしまい、節道尼は失意の中、富山に戻った。

富山大空襲の夜は、寺の近くまで火が迫ってきたが、幸い火災は免れた。そして終戦。それからしばらくして師の死を看取り、尼寺を継いだ。

そこで10月の曹洞宗尼僧団の全国評議会に出席したのである。

節道尼は、まず東京の浮浪児収容施設から2人の男の子を富山に連れて帰ってきた。はじめてのことに戸惑いながら、尼僧たちは温かく世話を始めた。それを皮切りに節道尼は1人、また1人と預かる子供の数を増やしていった。

子供たちは、富山弁の壁にぶつかった。尼たちが何を言っているのかわからなかった。大雪にも苦戦した。何もかも東京とは大きく異なる環境だった。

尼寺では現金収入はほとんどなかった。托鉢で農家を回り、米や野菜を分けてもらうだけだったから暮らしは非常に貧しかったが、節道尼は自分の食べる分を子供たちに分け与え、愛情を注いでいった。

次第に子供たちは、節道尼を「お母さん」と呼ぶようになる。しかし節道尼は仏に使える身であるため、自分のことは「庵主さん」と呼ばせた。本当の母親のことを忘れてほしくないという思いもあった。

子供たちは、貧しくとも愛情豊かな尼寺で伸び伸びと暮らした。しかし次第に節道尼を困らせていくようにもなった。問題を起こせば、庵主さんの愛情を独り占めできると考え、わざと事を起こしては困らせるのであった。

朝、子供たちは「行ってきまーす」と学校に行った振りをし、ランドセルを雪の中に埋め、富山駅に向かう。当時、富山市街は大空襲後の焼け野原で、子供でも真っ直ぐ歩けば駅にたどり着いた。

そして駅周辺に隠れ、発車時刻になると上野駅行きの列車に忍びこむのである。

上野駅行きは夜行列車で、いつも満席。車掌が切符の確認に来ても、座席の下に隠れて寝てしまえば、朝には上野駅に到着した。

上野駅に着くと、懐かしい仲間たちとの再会を楽しんだ。そのたびに、節道尼は上野まで子供たちを探しに行ったのである。

子供たちの脱走は、寺での生活が不満だからではなかった。心のどこかで、自分の親が東京のどこかで生きているかもしれない、探したいという思いがあった。共に暮らしていた浮浪児の仲間たちも恋しかった。

だから節道尼が上野に着いて、大きな声で名前を呼ぶと、「はーい。僕はここにいるよー」と返事が返ってきた。そして庵主さんの手をしっかりと握り、列車の中で甘えて富山に帰った。

そんなことが、何度も何度も繰り返された。

富山駅でもこの子供たちは有名になり、無賃乗車の対策が取られるようになったが、子供たちもあの手この手で列車に飛び乗る。

節道尼はそのたびに駅員さんに頭を下げ、上野の山まで迎えに行く。庵主さんの枕もとには常に、子供たちを連れて帰る切符を買うための財布が用意されていたという。

節道尼は、子供たちに優しく尋ねた。

「なぜお寺を脱走するのですか?」

すると子供たちは、懐かしそうな顔をしてこう言うのだった。

「上野の山の歌が聞きたかったんだ」

雪国富山から上野まで脱走を繰り返した少年たちは、後にそれぞれ就職し、立派な大人となって家庭を持った。

そのうちの一人は、死の床についた節道尼のもとに駆けつけ、寄り添って涙しながらこう言った。

「私をそばに置いてくださり、本当にありがとうございました」

＊

チャイルドヘルプ創設の歴史に導かれ、私は日本にも、早くから児童救済に心を砕いた多くの先人がいたことを知った。

なかでもここに述べた3人の女性、堀内キン、澤田美喜、谷口乗麟の歩みは、サラとイヴォンヌの歩みと同様、それぞれに深く心を打つものであった。

彼女たちは、苦しむ子供たちを放っておかなかった。

仕方がないとは決して言わなかった。

そして行動した。

彼女たちの足跡は、児童福祉に対して非常に意識の高い人間が、その時代と社会に向けて限りない努力を傾けた結果ともいえる。突出した個人の、突出した貢献によって多くの孤児が救われた。

ただ、現在の日本では、救済を必要とする子供の問題は、戦後の頃よりも複雑化して見えづらくなり、しかも一般社会に暮らす私たちのすぐとなりでひそかに、そして大規模に起こっている。

今は、誰か一人が非凡な努力で問題解決にあたるより、普通の私たち一人ひとりが少しずつ力を合わせ、みなの意識が変わり、地域の人々がチームとなって努力することで道が見えてくる時代なのではないだろうか。

この命、これからどう使おう。

生きのびたキンは、自分に問うた。

私たちも問うてみよう。

「助けて」という声に、もし私たち一人ひとりが、そして社会全体が応えられたら。

彼女たちが命を燃やした半世紀以上前と、児童救済はどう変わるだろうかと。

第5章

マーヴ・グリフィン・ヴィレッジ

24時間居住型トラウマ治療養護施設

トラウマ、すなわち精神的外傷は物理的に脳を損傷する。

戦争や大災害などの強いストレスは人間の見えない心だけでなく、扁桃体や海馬の損傷、脳体積の減少など、現実に脳を傷つけ、変えるのである。

これは近年、テクノロジーの進歩により、生きた人間の脳が可視化されることでわかってき脳科学上の事実である。

虐待児童も同じだ。

虐待を受けていた子供は、心に大きな傷を抱えている。近年の科学で証明されたことは、その子供たちの脳の状態は、戦場における極限状態を経験し、ＰＴＳＤを発症した兵士とまったく同じだということである。

身体を救い出すだけでは救済にならない。心を救わなくてはならない。トラウマは、時がたてば自然に癒えるというものではない。

このことに、非常に早く気づいたのがチャイルドヘルプだった。生きた脳の様子など、まだ誰も見ることのできなかった時代のことである。

「マーヴ・グリフィン・ヴィレッジ」の前身「チルドレンズ・ヴィレッジUSA」は1978年にチャイルドヘルプによってカリフォルニア州ボーモントに設立された、24時間居住型トラウマ治療養護施設だ（2000年に現在の名前に改称）。

その頃、世界のどこを探しても、虐待児童の心の治療を専門に扱う施設はなかった。また、治療法の研究もされていなかった。

虐待された子供たちと実際に接していたからこそ、サラとイヴォンヌは、当時広く社会問題となっていたベトナム帰還兵のPTSDと、自分たちの預かる虐待児童のトラウマが、ほとんど同じであることに気づいた。

それゆえチャイルドヘルプが最初につくったチルドレンズ・ヴィレッジUSAは、子供の心の治療を第一の目的とする施設だった。それは1982年に稼働したホットラインよりも前に、何よりも切実に必要とされるものだったのだ。

治療施設を「ヴィレッジ（村）」と名づけたのは、子供たちが暮らす寮や運動場、球戯場、牧場、教会、そしてプールを備えた学校が集まっているからだ。この小さな村全体が治療を行う施設なのである。素朴な環境の中で、子供たちが温かな人間性を育むことができるように、と二人は願った。

ボーモントは雪を被った山々を遠くに望む高原の田舎町で、そこにはゆったりとした時間が流れている。町の中心部から車で10分ほど、高台に上ると、のんびりと馬たちが草を食む大きな牧場が現れる。それがマーヴ・グリフィン・ヴィレッジだ。

私は、2016年からこの施設を幾度となく訪れている。

本来なら、小児精神科医や心理療法士など、児童心理の専門家でなければ治療中の子供たちと会うことはできない。部外者が治療をダメにすることがあるからだ。

しかしサラとイヴォンヌ、そして広報のダファニーの慎重かつ特別な配慮で、私はマーヴも取材することを許された。

動物たち

マーヴは世界にさきがけて、アニマルセラピーを子供のトラウマ治療に取り入れた施設として有名である。

チャイルドヘルプの発足当時、サラとイヴォンヌは、子供を肉体的に虐待から救い出しても、心を治療する方法がほとんど開発されていないことに気づいた。そこで二人は世界中の研究者たちに、その方法を編み出してくれるように依頼して回った。

そのひとつがアニマルセラピーである。

精神医療の研究者たちは、当初、大人に傷つけられてきた子供は、今度は動物たちを傷つける側に回るのではないかと懸念した。虐待の連鎖により、自分より弱い存在である動物に矛先を向けるのではないかというわけだ。

しかし子供たちは動物と触れ合うことで自らを癒やし、世話をすることで命の大切さや命への責任感を学んでいくようになった。

当時まだ実績がなかったアニマルセラピーはこの施設で多くの成果を出し、全米に広がっていったのである。今や世界各国で、馬や犬、イルカなど、さまざまな動物の力を借りて子供の精神医療が行われている。

厩舎に入ると、数頭の馬と1頭のロバが休んでいた。となりの小屋にはウサギやニワトリが飼われており、大きな陸ガメがまるで岩のように寝ていた。

馬の世話をし、子供たちに馬の乗り方を教えているのは地元の女性だった。ブルージーンズに革のブーツ、カウボーイハットのカントリーファッションだ。

私は20代後半に北米の牧場で働いていたことがあり、馬中心の暮らしを数年間送ったことがあるので、アニマルセラピーに馬が使われる理由がよくわかる。

馬は人の心を読むことができる。心の弱さはすぐにバレてしまう。だから人間は馬と接するとき、心にしっかりとした芯を持たなければならない。そういう人間には、馬はとても優しく従ってくれる。

カウボーイは、手綱で馬をコントロールしているわけではない。心を通わせると、手綱を使う必要がなくなるのである。右に行きたいと心の中で思えば、右に方向を変えてくれる。もちろん、そう思う人間の意思が微妙な身体の動きとなって馬に伝わり、馬はそれを感じ取っているのかもしれないが、それもまた、心をひとつにしないとできないことだ。

馬は、人間とそういう信頼関係をつくることができる動物なのである。

ただし、人間から叩かれたり、暴力を受けた経験を持つ馬は、その後、いっさい人間を信用しなくなる。そういった馬を、私はたくさん見てきた。人間不信で大暴れする馬を、調教し直す手伝いをして体当たりを食らい、危うく命を落としかけたこともある。

アニマルセラピーに使われる馬は、きっと大切に愛情をもって育てられているだろう。そう思って馬たちの鼻先に手を差し出し、匂いを嗅がせた。

すると馬は、ベルベットのような柔らかな鼻先をふにゅふにゅと揺らし、甘えるように唇をぷるぷるとさせた。

人間への興味があり、あまり警戒心がない。人とよく接している証(あか)しだ。こういった馬は、相手が子供だからとバカにしないだろう。

馬は、背中に乗せる者を大切に思うと決して振り落としたりはしない動物だ。しないどころか、バランスが悪くなると「よっこらしょっ」と姿勢を直してくれる。まるで、母親がおんぶした子供の姿勢を直すように。

マーヴの心理療法士はこう言った。

「乗馬は子供たちが信頼ということを学ぶのに、とても適しているのです。子供たちは人によって傷つけられました。だから、人との信頼関係をなかなか結ぶことができません。でも、馬となら心を開いて委ねることができるのです。心は、張りつめたままでは壊れてしまいます。馬との信頼関係は、その張りつめた子供の心を解いてくれるのです」

アリゾナのチルドレンズ・アドヴォカシー・センターでも、心理療法士はこう言っていた。ここで飼っている犬に会うために、子供たちは治療に通うのをやめないで来てくれると。子供たちは、動物たちとなら話せるのかもしれない。

人間の大人にはなかなか開くことができない、深く傷ついた心。

生々しい傷口をさらして本当に話せるのは、もの言わぬ動物だけなのかもしれない。

折り紙の授業

私は、マーヴに見学者として入ったのではなかった。チャイルドヘルプは私に、子供の心の治療法のひとつである、アートセラピーの一端を担う役割を振ってくれたのである。それは、日本の折り紙を子供たちに教えることだった。

訪問する前、鶴の折り方すら忘れていたので猛練習した。折り鶴、ジャンピング蛙、回るコマ、羽ばたき鳥なども折れるようになってからはじめて施設を訪れ、最初の授業に臨んだ。

共に授業を行うアート・セラピストは、パメラ・カートネルという女性だ。

パメラは長年、ハリウッドの映画撮影所の舞台背景を描いていたアーティストで、アートという側面から、虐待を受けた子供たちの心を明るくしたいと、ロサンゼルスから引っ越してきたという。

彼女は私の顔を覗きこむと、こう言った。

「知っているわよね？　ここの子供たちは、普通の学校の子供たちではないわよ」

そしておもむろに棚の引き出しを開け、いくつかの絵を取り出すと1枚1枚、ていねいに長机に並べて言った。

「これが、親や大人たちに傷つけられ、裏切られ、もてあそばれ、絶望を知った子供たちの絵よ……」

それらはどれも破壊的で、絶望的な絵だった。

「自分を憎み、人を憎み、社会を憎み……血が流れるような痛みと苦しみの中で、もがきむせんで吐き出したような、そんな絵よね……」

折り紙の授業は、午前2回、午後2回で2日間かけて行う。子供たちの年齢は6歳から16歳で、ひとつの授業を15人くらいが受ける。

子供たちはすでに「オリガミ」という言葉を知っていた。折り紙の授業があるとわかると、大喜びだったという。

ある男の子は、私に言った。

「オリガミはアメリカでものすごく人気があるんだ。知らないの?」

みんな大興奮。

「僕はドラゴンを折りたい。教えて!」

「戦闘機を折ろうよ!」

「私はいろんな花を折りたいわ」

「私は箱を折りたい。小物入れにするの!」

もちろんそれはむずかしすぎるうえに私には教えられないため、まずは基本の鶴から教える。

アメリカの子供たちはあまり手先を使う経験がないためか、細かい作業ができない。角がズレると後に大きな差になり、うまく形にならないことや、先に折れ線をつけ、ガイドラインにすることなどを教えて、なんとか1時間の授業で鶴とジャンピング蛙を折り終える。

授業が終わっても机にしがみついて「もっとやりたい」と職員たちを困らせ、「はい、次の授業に行きなさい」と追い出されてもくるっと反転して戻り、「お願いします。何枚か紙をください」と何度も言われた。

元気で素直で、普通の学校の生徒と何も変わらない。

ただここでは、しばしば子供たちが激しい感情を露わにする場面に遭遇した。

とある12歳の少年は、さっきまで仲良く教え合って紙を折っていた少年と、突然、頭を小突き合うようなケンカを始め、職員に諌められると大声で泣きだした。

また、ある15歳の少年は、複雑に折る部分に差しかかると自分に腹を立て、椅子をひっくり返すほどの勢いで立ち上がって唸るのだった。フットボール選手のようなガタイのいい男性職員が彼をなだめ、教室から連れ出すと、その後、戻ってこなかった。

それからある14歳の少年は、羽ばたき鳥を折っていたがうまく羽ばたかなくて教室を飛び出し、廊下にうずくまってしくしく泣いた。

何度も間違えた折り線が気になってしかたなく、髪の毛をかきむしろうとする13歳の女の子もいた。

8歳の女の子は、授業の間ずっと下を向いて、無言のままで涙していた。

10歳の女の子は、授業の最中に「おやつを買いに行く」と言いだし、職員と共に退室した。しばらくしてスナック菓子と砂糖菓子を手に戻り、くちゃくちゃ食べながらまた折り紙を折り始めた。

となりの少女が、それを見て言う。

「紙に（スナック菓子の）油がついちゃうよ。ほら、手がベタベタしてる。手を拭いたほうがいいよ」。そしてティッシュの箱を見つけてきて、その子に差し出した。

子供たちには常に職員がついていて、その精神状態にきめ細かく対応していく。無理強いはせず、規則で縛らない。日本の学校にありがちな「先生」と「生徒」という関係ではなく、子供と職員は拡大家族のような関係性を築いていた。アメリカでよく聞かれる「ビッグ・ブラザー」「ビッグ・シスター」といった位置づけ、広い意味での兄弟姉妹のような関係である。

授業をするうえで、子供たちの保護された経緯を聞くつもりはなかった。が、パメラは、ある9歳の少年のことを話してくれた。

その少年は、ブロンドの髪がとても綺麗な子で、かしこそうな瞳を輝かせて、私にこう言った。

「僕は知っているよ。日本人がいろんな物を造り出しているのは、子供の頃から折り紙を習うからなんだ。折り紙は、数学的で、物理的なんだよね」

彼は折り紙の授業が終わってみんなが教室を出た後も、机から立とうとはしなかった。「次の授業があるのでしょう？」と言うと、彼は机を押しのけて私の前に来て、「ありがとう」とハグをくれた。

その少年は、血だらけで死んでいる母親のそばで呆然としているところを保護されたのだった。

父親は彼の目の前で何度もアイスピックを振り上げ、母親を刺したという。母子は共に、父親の暴力に支配されていた。

少年はショックのあまり、食事をしても栄養摂取ができなくなった。栄養剤と薬が投与されていたが、自分の力で栄養摂取するには精神を安定させなければならなかった。そこで、この治療施設にやってきたのだという。

パメラは言った。

「ここに来る子供たちは本当に壮絶な経験をしている。深い、深い傷を負っているわ……」

寝室に置かれた椅子

あるとき、子供たちが暮らす「カレッジ」のひとつを案内してもらう機会があった。

カレッジとは、もともとは「学寮」を表す言葉だ。マーヴは心の治療を行う施設だが、それと同時に教育施設でもあり、子供たちの学習の遅れを取り戻すことと、生活習慣を身につけることを重視している。

カレッジという呼び名には、施設やホームよりも「学びの場」であってほしいという、チャイルドヘルプの願いがこめられている。

6歳から10歳までの男の子8人が暮らしているカレッジだった。

「このカレッジはここしばらく問題を起こしていない、比較的おとなしいグループですから安心してください」

私は聞き返した。

「問題を起こしていない？」

案内の職員は言った。

「はい。実は、カレッジはいろんな出来事のデパートみたいなところです。子供たちはたくさん問題を起こしますよ」

建物は、広大な敷地の奥の奥にあった。周りに家1軒ない隔絶された環境である。子供たちは、ここから職員の運転するカートやミニバスでヴィレッジ内の治療施設や学校に通う。

カレッジには、この辺鄙（へんぴ）さが重要だという。

外部と切り離された場所こそ、子供たちにとって明確に認識できる「安全な場所」なのだ。隔絶されているからこそ、心に傷を持つ子供たちは安心して暮らし、眠ることができるのである。

カレッジに暮らす子供たちの男女比は男の子60人、女の子25人ほどだった。カレッジに暮らす男の子の数が多いのは、養子縁組や里親が決まってマーヴを去るのは、女の子のほうが多いからだ。

女の子は比較的おとなしく、理解が早い。が、男の子は感情を爆発させて暴力に訴えることが多いのだという。

しかし現在、女の子が暮らしているカレッジへの入室は、誰であろうと認められなかった。性的虐待を受けていた子が多く、いっさいの接触を拒絶して引きこもっている子もいると説明された。

男の子のカレッジのドアを開けると、子供たちの世話をする職員であるケアワーカーのジョージが迎えてくれた。バスケットボール選手のマイケル・ジョーダンのような背の高い黒人男性で、少年たちにとって頼れる兄貴（ビッグ・ブラザー）のような存在である。

玄関ドアの内側には、3種の動物の写真が貼られていた。

ボブキャット（オオヤマネコ属）、コヨーテ（オオカミ近縁のイヌ属）、ガラガラヘビ（毒ヘビ）。そして、外に出るときにはこれらの動物に気をつけるようにと書いてある。

ギョッとした。日本なら「マムシ注意」「熊出没注意」といったところか。

奥の談話室で遊んでいた子供たちが飛んできた。笑っている。

「この地域には、危険な動物がたくさん生息しているよ。家畜などよく襲われるんだ。僕は、太くて大きなガラガラヘビを見たことあるよ」

彼らは胸を張って言う。

「でも、僕たちは平気さ！」

カレッジ内部には大きな暖炉を囲んだ団欒室、そして通路の壁沿いに勉強机があり、寝室が2つあった。寝室には子供用のベッドが4台並べられている。そして、どこの部屋にもドアはなかった。

ベッドは綺麗にベッドメーキングされている。そういう生活習慣を身につけるように導かれるのだ。クローゼットの中の下着や服もきちんとたたまれている。

ジョージは、寝室の入り口に置かれた1脚の椅子を指さした。

「私たちは毎晩交代でこの椅子に座って、朝まで子供たちの睡眠を見守るのです」

私は尋ねた。

「監視カメラではダメなのですか？」

ジョージは答える。

「カメラではダメです。常にそばで見守っていることが大切なのです。たとえば、ある子が夜中に他の子を襲うことがある。暴力を振るわれた子は、また次の誰かに暴力を振るってしまう。あっという間に負の連鎖が起こるのです」

今の時代、それこそ居住型の養護・介護施設では、職員の夜の負担軽減のため、監視カメラをつけたり、入居者に睡眠薬や精神安定剤を与える例があるとも聞く。

が、この施設では、50年近く前に設立されたときからずっと、各カレッジの寝室入り口に椅子が置かれている。子供たちは見守られて眠る。一晩中、誰かが座って見守っている。

私には、その椅子の存在は、子供たちの傷ついた心に徹底して寄り添う職員たちの強い覚悟を表しているように思えた。

カレッジの職員リーダーであるレベッカは、この施設に来て10年になる。

髪を紫色に染め、ロック歌手のような個性的な服に身を包んだ黒人女性である。子供の養護施設の職員だからといって、清楚な格好をしなければならないというルールなどないところが、いい。私は聞いた。

「子供たちの精神不安や不眠に対して、どれくらい精神薬や睡眠薬を使っているのですか？」

レベッカは答える。

「もちろん、私たちは医療スタッフと相談をして薬を使います。でも、できる限り心理療法士による心の治療でアプローチしています。それがこの施設の目的ですから」

マーヴは、心理学や精神医学がまだ発展する前から試行錯誤を重ねてきた。アニマルセラピーやアートセラピーなど、この施設の試みによってその後、子供の心に対するさまざまな治療法が進歩し、確立されていったという歴史がある。だからこそここでは今も、安易に薬に頼ることはしない。


子供の問題行動に対して彼らが重視するのは、職員よりも子供自身がどう対処できるか、ということだ。ひとつには「コーピングスキル」といわれる対処法を使う。

突然子供が怒りだしたり、泣きだしたり、ケンカを始めたりしたとき、職員たちは決まってこう言う。

「思い出して。コーピングスキルよ。習ったでしょう？　さあ、実践してみて」

大きく深呼吸をする。

身体を動かして、感情エネルギーを発散させる。

目を閉じて、心のなかで「自分は大丈夫だ」と言い聞かせる。

前向きになるような歌を歌う。

マーヴの心理療法士が、一人ひとりの子供に合ったそのような細かい対処法を見つけて実践を促す。

「薬を使うことは依存症を招いてしまいます。大人になると、もっといろいろ依存症を引き起こすものがあるでしょう？ ドラッグや酒、タバコ。食べ物だって、依存して過食になることがあります。だから子供たちには、今から自制する方法を身につけてほしいのです。つらいからと言って、すぐに薬に手を出してほしくないのです」

そうレベッカは言った。

エデュケーションセラピー

マーヴで最も特筆すべき療法は、動物でも芸術でもない、教育（エデュケーション）を通じたセラピーだろう。

このセラピーの定義はあまりに広範で、日本語にはまだこれに相当する訳語はない。ここで言うエデュケーションには教育だけでなく、養育や療育のニュアンスが入っていると思われる。したがってエデュケーションはエデュケーションと、片仮名のまま説明を続ける。

エデュケーションセラピーでは、個々の子供が抱える発達遅延や学習遅延をサポートする。文字が読めない、読書ができない、計算ができない、教科の理解ができないなどの問題に対応するが、家庭教師のやることとは違う。

被虐待児童の場合、文字を読むことのできない子供は字を知らないのではなく、文字から受ける何かの「感覚」に苦しんでいるのかもしれない。計算が苦手な子供は数の概念を知らないのではなく、何らかの原因でそこに苦痛や恐怖を感じているのかもしれない。家庭教師では、その状態に対処することはできない。心理療法を用いた発達遅延と学習遅延への分析とサポートが、必要となるのである。

現在、欧米では、被虐待児童に限らず、多くの教育現場でエデュケーション・セラピスト（教育療法士）が活躍している。学習に必要な「理解」「処理」「記憶」「集中」のうち、どの能力が遅滞を招いているかを突き止め、子供の心に寄り添って能力向上の支援を行っている。

マット・フランスワースは、長年、医療施設や市役所家族相談課でカウンセラーとして働いてきたベテラン心理療法士である。

通常、セラピストは自身のオフィスに連れてこられた子供に1時間ほどの個人セッションをする。マットはそれだけでは子供の心の治療には足りないと感じ、24時間体制で子供の生活習慣を把握しながら心理状態を診ることのできる、この施設にやってきたのだった。

マットは優しい声で言う。

「ここでは子供が泣いたり怒ったりしたときに、すぐ状態を診ることができる。私はすぐに診てあげたいんだ」

マットは、おだやかな口調で一つひとつの単語をていねいに発音して話す。ナチュラルな白髪で、子供たちにとってはおじいちゃんのような存在だ。

マットは笑って言う。

「虐待を受けた子供のなかには、虐待した親と同じ世代の人に強い不安を抱く子供がいる。だからここでは私は、『無害な』おじいちゃんなんだよ」

マットは、主に6歳から9歳までの子供を担当している。

「誰にだって子供時代というものがあるだろう？　大人になって懐かしく思い出す。でも、虐待や育児放棄を受けた子供には、この部分が空白になっているのです」

親と一緒にショッピングに行ったり、キャンプに行ったり、誕生日を祝ったり。

「私は子供たちが大人になったとき、楽しく思い出される子供時代をつくってあげたいんだよ」

空白を埋めなければ、その上に積み上げることはできない。

積み上げてもそれはもろく、崩れやすい。

だからマットは子供たちと買い物に出たり、1日遠足に出かけたり、お誕生日会を開いたり、お遊戯をしたりと、実にさまざまな、子供が感情表現を豊かにできる企画を立てている。

マットは言う。

「私は毎日、9歳の男の子のオムツを替えているんだよ」

その子は育児放棄をされたことが原因で、尿意や便意を感じてもトイレまで我慢をすることができない。マットは毎日のようにトイレでの排泄を教えているが、なかなか覚えることができないという。

また、マットは私に尋ねる。

「たとえば、小さい子供が転んだとする。君はどうする？」

迷いなく答えた。

「起き上がるのを助けます」

当たり前だ。

しかし、マットは言う。

「そうだね。普通の人はそれを見て、すぐ手を差し伸べて抱き上げたり、あー、痛かったねとハグをしたりする。でも、虐待を受けたことがある子供に対しては、安易に身体に触れてはいけません」

私は尋ねる。

「でも、私は女性です。女性の優しさならば、触れても大丈夫なのではありませんか？」

マットは言う。

「虐待をする親に男女の別はない。母親でも暴力を振るう。女性が少年に性的虐待を行うこともある」

そして、彼は続けた。

「たとえば子供が愛らしく思えると、大人は少しからかって笑わせることがある。でも、それもしてはいけない行為のひとつです。

虐待は身体的暴力だけではありません。言葉が暴力となる場合もあります。親からの不当な嘲笑を受けて育っている子供というのは、非常に多いのです。それがトラウマになって、積み上げるべき学習ができなくなってしまう」

マットは諭すように言った。

「いいかい？　手を差し伸べることはとてもよい行動だ。でも、方法を間違ってはいけない。

その差し伸べた手が、子供たちの目に見えない傷に触れてしまうことがあるということを、知っていなければなりませんよ」

＊

マイクは、スパニッシュ系の外見を持つエデュケーション・セラピストである。多感な時期の10歳から16歳までの男の子を担当している。彼もこの施設で10年以上子供を診てきたベテランだ。彼は、特に子供たちの自立支援に力を入れている。

マイクは言う。

「ここに来る子供たちは、普通の子供よりも著しく発達が遅延している。にもかかわらず、新しい家族が見つからなかった場合には、早い年齢で自立を促されてしまうのです」

彼の役割は子供に基本的な生活習慣を身につけさせ、いずれ社会に出てひとり暮らしをする際に必要な生活スキルを教えることだった。

子供たちと一緒に、料理をして栄養のあるものを食べること。部屋の掃除や洗濯をして清潔を保つこと。食事マナーや人との接し方、話し方のセッションをして、社会性(ソーシャルスキル)を身につけること。

マイクは言う。

「10代の子供に歯磨きの仕方や靴ひもの結び方、髪の整え方、清潔な服を着ることの大切さを教えている。毎日のように。でも、彼らはその基本的なことがなかなかできないのです」

そういうのは普通の中学生、高校生にも見られるような、若者特有の単なる怠慢な態度にすぎないのではないか。私はちょっとそう思った。

が、彼は言う。

「この施設に来る子供たちは、別に怠けているわけではないのです。しようと思ってもできないのです。彼らはとても素直に努力をする。でも、うまくいかないのです」

そして、マイクはほほえむ。

「でも根気よく教えて、基本的なスキルから段階を上って、将来、就職するときのためのネクタイの結び方やスーツの着方、靴の磨き方などを教える頃になると、私はとても嬉しいのです。子供たちが大人になっていくようで……」

私は、一番むずかしいことは何かと尋ねた。マイクは、こう答えた。

「彼らは、『ダメ』と言われることにどうしても忍耐がないのです。怒りのコントロールができない。すぐに爆発してしまう。忍耐を教えるのが一番むずかしいですね……」

怒りは、誰にとってもコントロールするのがむずかしい課題である。が、マイクは言う。

「抑圧の中で育った子供は、まるで炭酸水の蓋が取れたように感情が噴き上がってしまう。

でも、噴き上がった後はどうなる？　炭酸が抜けたように自責の念に駆られ、泣いて塞ぎこんでしまう。

感情の反動が、普通の子よりも大きくなる傾向にあるのです」

第5章

マーヴ・グリフィン・ヴィレッジ

マーヴ・グリフィン・ヴィレッジ玄関。木彫り扉の上に「All who enter here will find love」と

彼は、最後にこう言った。

「虐待を受けた子供の治療施設は、プライバシーを守るために外界から閉ざされています。だから子供たちが、どんなにつらい淵から立ち上がろうと努力をしているかを、普通の人が知ることはないでしょう。

……でも彼らは普通の人が普通に身につけることを、とても苦労して身につけるのです。泣きながら、怒りながらも、とても努力している子供たちがたくさんいます。

その子たちが社会に出たときに、その子たちを優しく受け入れる社会であってほしいと、私は願います」

マットも言う。

「私は多くの人に、虐待から立ち上がろうとする子供のことを知ってほしいと思っています。その子供たちを知ることで、彼らを受け入れる社会がよりよいものになると信じているからです。

いずれこの子たちが出ていく社会が、いいところであるよう心から願っています」

大人になって振り返る

今日はマーヴでは年に一度の大イベント、ホリデー・パーティーの日だ。

さまざまな人種、宗教の人々が暮らしているアメリカではあまりクリスマスと言わず、ホリデーという。パーティーにはチャイルドヘルプに多額の寄付を寄せてくれた人や、チャイルドヘルプのアンバサダーを務める俳優やスポーツ界の有名人たちが顔を揃える。

子供たちは、ステージで歌や踊りを披露する。CEOのサラとイヴォンヌ、理事たちも参加し、子供たちと触れ合う。

パーティーの名物司会は、俳優のジョン・ステイモスである。

NHKで放送されていた海外ドラマ、『フルハウス』や『ER』などで、日本でもおなじみの俳優だ。彼は若い頃からマーヴの子供たちを支援しており、得意なギターやドラムを教えたりしている。

軽快なジョークを取り交ぜた司会進行で歌や踊りの発表が終わると、ひとりの女性がマイクを持って壇上に上がった。

女性は、壇上から遠くの子供たちの姿を見つめて言った。

「今、私は21歳です。保護されてここに来たのは12歳のときでした。それまで私は、字を書くことも文字を読むこともできませんでした。クリスマスというものも知りませんでした。サンタクロースの存在も知りませんでした……」

彼女の声は震えていた。

「ここに来てはじめて、朝起きて朝食を食べること、昼になると昼食を食べること、夜には夕食を食べることを知りました。それまで、食事を三食食べるということを知らなかったのです。

そしてここに来るまで、笑うことがありませんでした。笑う経験をしたことがなかったのです。笑うことがどういうことかわかりませんでした」

彼女は、ステージ下のサラとイヴォンヌに視線を送って言った。

「私を救ってくださって、ありがとうございます。

私のような子供を救ってくれる場所をつくってくださって、ありがとうございます。

そして私に毎日の食事と、毎日安心して眠ることができる場所と、毎日学ぶことができる教育を与えてくださって、ありがとうございます」

そして彼女は顔を上げると力強く言った。

「今、私は社会の一員として働き、自分で生きていくことができています。私たちを、無条件の愛のもとに育ててくださって、本当にありがとうございました」

養子縁組、里親制度の闇

しかしながら、そんな成功物語ばかりではない……とつぶやくのは、カレッジで子供たちの世話をする職員のリーダー、前出のレベッカだ。

彼女は言う。

「私たちは一生懸命に向き合い、子供たちのトラウマ治療や、発達遅延の取り戻しに取り組んでいます。でもその子供たちが、養子縁組や里親先から戻されてしまうことも非常に多いのです。まるで商品を返品するように……」

私は言った。

「試しに買って、気に入らなければクーリングオフということですか?」

レベッカは深いため息をついた。

「そう。子供が一生懸命に治療に専念しても、養子縁組や里親になる人たちの勉強不足や覚悟のなさが深刻なのです。子供たちは再び捨てられてしまう。そして、再び人を信じなくなる。すべてがリセットされてしまうのです」

この施設に戻されるのはまだいいほうだと、彼女は言う。それならリセットされてもまた治療を始められる。

問題なのは、養子縁組先や里親先で人知れず不幸になることだ。


アメリカでも、養子縁組に対する法律は今なおよく整っているとは言えない状態だ。養子縁組をするとき、その仲介者にはその後の責任がない。また、追跡義務もない。そのため、養子縁組後の子供がどのようになったのかわからないケースが多々あるのだ。

それに、養子縁組で引き取った子供は簡単に手放すことができる。他の養子縁組希望者に譲渡できるのである。

インターネットには、犬や猫の譲渡案内のように子供たちの顔写真がリストアップされている。それを規制する法律はない。そのため、家を転々とさせられる子供が非常に多いという。

彼らはリホーミングチルドレン（Re-homing Children）と呼ばれる。これも現代のアメリカ社会における深刻な問題のひとつである。

リホーミングという、履歴のたどりにくい譲渡を繰り返すうち、子供が再び虐待に遭ったり性的暴力を振るわれたりするケースは少なくない。

「不幸な少女たちを引き取って育てる、心優しい家族の正体は性的虐待者だった」――このような見出しが各地の新聞にしばしば載る。

ニューヨークで逮捕されたアメリカの富豪ジェフリー・エプスタインは、彼が所有する島の別荘に少女たちを用意し、世界中のトップセレブを招待していたという。彼は児童売春を斡旋した罪で有罪となり、刑務所内で自殺したと発表されたが、その背後には世界で4000万人以上の被害者、うち、25%は未成年といわれる人身売買の大きな闇が潜んでいたのではないかと囁かれている。

エプスタインは、経済的に恵まれない未成年の少女を好んだ。なぜ、経済的に恵まれない子を好むのか。

周りの人々、そして地域社会がその子の消息に関心を持たないからだ。リホーミングチルドレンは、そういった意味でも大きな危険にさらされている。

レベッカは、顔を歪めながら言った。

「アメリカはひどすぎる……。暴力、貧困、薬物、アルコール、虐待、性的暴行、人身売買……本当にアメリカはひどい国よ……」

それでも。

マーヴの子供たちは家族を求めている。

折り紙授業のとき、12歳の女の子と会話した。

「大きくなったら何になりたい？　夢は何？」

すると彼女は、パッと明るい笑顔を見せて言った。

「私ね！　将来、この施設で暮らす子供たちを養子に入れて私の子供にしてあげるの。そして、幸せにしてあげるのが夢なの！　ここの子供たちのお母さんになってあげるのよ。大人になってたくさん、たくさんお金を稼いで、ひとりでも多くこの施設の子供たちに家族をつくってあげるの」

彼女もまた、自分を養子にしてくれる家族が現れるのを待ち続けている子供のひとりだ。

マーヴには特に深刻なケースで保護された子供たちが多い。彼女もきっと想像を絶するつらい経験をしてきたはずだ。それでも、彼女はこう繰り返す。

「私ね、幸せになりたいの。将来、優しいお母さんになって、とてもよい家庭をつくって、そして多くの人に幸せをつくってあげたいの」

愛に飢えながらも、愛を与える人になろうとする少女。

彼女の願いが叶えられることを、祈らずにはいられなかった。

＊

フェニックス市の小学校教師ジュリーは、これまで何度も担任として児童の異変に気づき、自ら児童安全局に通報したことがある。でも今回私に話してくれたのは、自分の子供たちのことだった。

彼女は日本の大学に留学し、その後、文部省（当時）で働いていたことがある。平成のはじめの頃のことだ。その後、縁あって優しく、思いやりのある日本人の男性と出会い、結婚した。しかし、もう出産のむずかしい年齢になっていた。不妊治療を行ったが費用も高く、若い頃から貯めていたお金も泡のごとく消えていった。

悩んだ末、ある日、彼女は夫にこう尋ねた。

「あなたは自分の子供が欲しいの？　それとも父親になりたいの？」

夫は答えた。

「父親になることができるなら、そうしたいと思う」

そこで、二人は日本の養子縁組斡旋団体を訪ねた。が、国際結婚の夫婦には子供の斡旋はできないと言われたのだった。それは日本全国、どこの斡旋団体も同じだった。

そこで彼女は日本と日本での仕事を捨て、夫婦でアメリカに住むことにした。アメリカなら親になる機会が均等に与えられているから、と彼女は言った。

養子縁組エージェントはジュリー夫妻に、育児放棄から保護された2人の子供を紹介した。夫妻は、その子供たちの親になることを決心した。

2人の子の斡旋料として、夫妻はエージェントに300万円ほどを支払った。

引き取った2人のうち、男の子のほうは、2歳になっているのに立って歩けなかった。その子の母親は子供に歩き回られるのが嫌で、男の子をコーヒー豆の缶に入れていたのだった。

3歳の女の子のほうは、ご飯を食べるときに奪われるのではないかと、隠しながら急いで食べる癖がついていた。

その子供たちを育てるのは、とても大変だったけれど、と彼女は言う。今、子供たちは共に大学生で、素直に健やかに育っている。

「家族になるのに血縁なんて関係ないのよ……」

日本は、ジュリーが絶望した30年前から変わっただろうか。

日本では、今も独身女性が未成年を養子に迎えることは認められていない。

もちろん、同性婚のカップルへの養子縁組も認められない。

たとえば性的虐待を受けた女の子が男性恐怖症となり、大人になっても男性との性的関係が持てないというケースは多くある。そのことが原因で結婚をしない人もいるだろう。

考えてみてほしい。そういった女性が「子供を育てたい」「母親になりたい」と思ったとき、今の日本は、親になりたいなら、家族をつくりたいなら、男性とセックスをして子供を産む以外選択肢はない、と言わんばかりの社会制度なのだ。

それは本当に育てる側と育てられる側の、人間としての幸せに立脚しているだろうか。

ダファニー

チャイルドヘルプの広報担当者ダファニーは、ある日、嬉しそうに話をしてくれた。

「今日は娘がはじめて泣いた日を記念して、映画『若草物語』を観に行くのよ」

「娘が泣いた日？」

「そう。それは私たちが親子になれた日なのです」

ダファニーは48歳。娘は31歳。

大学院の院生だった23歳の頃、ダファニーは育児放棄で保護された6歳の女の子と出会った。その後もその子のことは気にかけていたのだけれど、と彼女はほほえむ。

「その子が私にしがみついて、私と暮らしたいと言ったのよ」

そのときダファニーは独身、しかも学生だったが、その子を養子にして育てることにした。

アメリカの養子縁組には、養親が男女の夫婦でなければならないという決まりはない。突然6歳の女の子の学生シングルマザーになったダファニーにとって、子供との生活は大変なものだった。その頃のことを思い出すと、ダファニーの目は潤む。

「あの子は育児放棄をされて、まったく親との会話がない環境にいたのです。6歳なのに、ほとんど言葉を話すことができなかった」

私は尋ねた。

「でも一緒に暮らしたいって、その子が言ったのですよね?」

「そう。そう言ってくれたの」

ダファニーは、潤んだ目でほほえんだ。

「その子は言葉だけじゃなく、感情表現のあるコミュニケーションもなかったの……。笑うことも、怒ることも、泣くこともなく、ずっと無表情だったのよ」

その子にダファニーは一つひとつ、いろいろなことを教えた。文字、数字、物の名前。そして毎晩、本の読み聞かせをした。

そんなある夜。

ダファニーは自分も大好きな『若草物語』(ルイザ・メイ・オルコット作)を少女に読

み聞かせていた。

どの場面だったかわからない。泣くような場面ではなかったかもしれない。だが女の子は、はじめて頬に涙したのだった。

ダファニーは思わず抱きしめた。

「泣いてもいいのよ。いっぱい泣きなさい。いっぱい、いっぱい泣いてもいいの」

その子はダファニーの胸の中で、はじめて子供らしく大泣きしたのだった。


2019年、アメリカでは新たにリメイクされた『若草物語』(邦題『ストーリー・オブ・マイライフ/わたしの若草物語』)が上映されていた。

『若草物語』はダファニーにとって、あのときの娘の大泣きを思い出す、記念すべき物語なのだった。はじめて親子になれた日を振り返りながら、彼女は今夜、きっとその大きなスクリーンを見つめることだろう。

ダファニーの娘は現在、他州に住んでいる。読み聞かせの影響なのか本が大好きになり、大学卒業後、図書館司書になって大好きな本に囲まれて暮らしている。

ダファニーは言う。

「子供を育てるのは、なにも実の親だけの仕事ではないわ。
多くの人の愛によって子供は育っていく。社会に愛があれば、子供は育っていく。
みんなで育てていけばいいのです」

マーヴのマットやマイク、ジョージ、レベッカ、パメラをはじめとする大勢の職員やセラピストたち。そしてダファニー、サラとイヴォンヌ、俳優、文化人、そしてたくさんの寄付者たち。

いろいろな人の愛が滴(しずく)となって集まり、一人ひとりの子供を満たしていく。

虐待の連鎖ではなく、愛の連鎖を起こす社会は、私たちの意識次第でもっと可能なのではないだろうか。

ホリデー・パーティーの光景は、いつまでも私の中に熾火(おきび)のように光と熱を放射し続けた。

第6章
児童安全局

家族面談

フェニックス市の北部地域を管轄する、アリゾナ州政府の児童安全局。
そこで私は実際にいくつかの家族面談を取材することができた。
案内してくれたのは、職員のスチュワート・フォックス。
それはあまりにも奇跡的な出会いだった。

日本から来た一人のフリーライターが、たとえ正式に取材を申しこんだとしても、普通、アメリカの政府機関が実際のケースを見学させてくれるなどありえない。
たまたま私は数日前、チャイルドヘルプ取材のために長期に借りる予定で引っ越した部屋をすぐに出るはめになったのだった。ネットで探した部屋だったが、治安のあまりよくないエリアなのに窓ガラスが割れたまま発泡スチロールで穴を塞いだ1階の部屋だったのである。

大きな荷物を車に積んだまま、ホテルや短期契約の部屋を転々としながら取材を続けなければならなかった。

さんざんな目に遭いながらようやく流れ着いた、落ち着けそうな貸し部屋の大家に挨拶し、私は自己紹介代わりに、今自分が取材している内容について話していた。するとと偶然、大家の友人がフットボールの試合を見に行かないか、と誘いにやってきた。

第6章
児童安全局

それがスチュワートだった。

彼はアリゾナ州児童安全局の職員だったのである。

大家が彼に私を紹介すると、スチュワートは財布を取り出し、その中にあったもう何年もそこに入ったままのようなよれよれの名刺を私にくれた。

そこには、アリゾナ州政府機関を示す州の紋章と肩書が書かれていた。

「児童安全局　プログラムスペシャリスト」

それはいったいどんな職種なのかと尋ねると、彼は笑顔で言った。

「児童保護の何でも屋だよ」

アリゾナ州児童安全局北部支所。

玄関ドアを開けて、スチュワートとの約束があると伝えた。

受付には注意事項が掲げられている。「銃・武器の持ちこみは禁止」。

職員との面談者は、手荷物をディテクター（武器類の発見装置）に通さなければならない。


受付横のドアが開き、スチュワートが顔を出した。

「最近どうだね？」などと、アメリカらしいフレンドリーな声かけをしてくれる。

オフィスの中に入るとすぐ3畳ほどの個室が4つほど並び、そのうちのひとつでは、中でアフリカ系の男性職員が乳児に哺乳瓶で授乳をしていた。腕の中にいるのは、生後2か月ほどの白人の赤ちゃんである。

スチュワートが軽く声をかけた。

「飲んでるかい？」

「いい飲みっぷりだよ」

「そうか、いいぞ」

廊下に椅子を出して授乳している女性の職員もいた。彼女は赤ちゃんを抱き、呆れた顔でスチュワートに言った。

「この子の母親は今日10時に面談予定だったのに姿を現さない。来る気がないのよ」

そして、大きなため息をついた。

児童保護員たちのデスクが並ぶ部署に案内された。

左半分は家庭訪問をする家庭指導員のセクション。右半分は虐待の証拠を押さえる家庭捜査官のセクションとなっていた。それぞれには30人ほどが配置されている。

職員の多くは出払っていた。スチュワートは、デスクにいた家庭指導員の女性に声をかけた。

彼女は指導員になって20年になるという。彼女は言う。

「私たちは定期的な家庭訪問を行っているけれど、事前連絡をすると相手の家庭はその日に出かけたり、居留守を使ったりして、私たちの訪問がほとんど無駄足になる。

それでも、何度も何度も足を運ばなくてはならないのよ」

スチュワートはうなずいた。

「その『何度も何度も』という無駄足を、欠かさないことが肝心なのだよ」

ところでスチュワートは55歳（取材時）。39歳で会社勤めを辞め、児童安全局の児童保護員になった。39歳で転職とは思い切った決断だなと思った。だが、彼は言う。

「アメリカはいつだってスタートが切れる国だ。歳は関係ないよ」

アメリカでは、大学を卒業していれば何歳からでもトレーニングを受けて、児童保護員になることができる。大学の専攻はまったく関係ない。

スチュワートは言う。

「児童保護員になる人は、若い新卒の人間より、中途採用のほうがいいのです。この仕事は、人生経験豊富なほうがいい。若者はどうしても経験値が足りないから。それに保護員はつらい現実を見ることになるので、精神力が必要になる。その精神力を支えてくれるのは、人生経験なのだよ」

私は尋ねた。

「児童誘拐、子供泥棒、と罵（ののし）られたことはありませんか？」

スチュワートは笑う。

「そんなことはしょっちゅうだよ。親子面談などは、罵声（ばせい）を浴びせられて、つかみかかられることも多い」

「そんなときは、どうするのですか？」

「罵声を浴びせられても、私たちはキッパリと言う。『私たちが保護すれば、子供の安全を保障することができる。でも、あなたのところでは安全の保障がない。子供のためによい道を選ぶべきだ』、と」

児童安全局の仕事は、児童を保護することだけではない。親の状態を確認することも彼らの仕事である。

スチュワートは、自身のオフィスへ向かう途中でこう言った。

「つい先週のことだよ。母親が、2か月の赤ちゃんの頭をハンマーで殴って怪我をさせたんだ」

「2か月の赤ちゃんですか!?」

「そうだよ。だから、私たちはすぐ母親を拘置所に入れた。早急に対処しないと赤ちゃんが死んでしまうからね」

スチュワートは自分のことを、児童保護の何でも屋だと自己紹介をしたが、実は彼は家族面談の相談員だった。保護児童と親との間に入り、さまざまな相談に乗ったり指導を行ったりする役割である。

考えてみれば、本来、児童福祉とはそういうもののはずだ。危険な親から子供を引き離して親を断罪するのは緊急措置であり、親子間の修復を目指せればそれが一番いい。それゆえアメリカの児童局に相当する日本の児童相談所は、「相談」所と名づけられているのだろう。

ちなみに行政機関である児童局は、州によって名称が異なる。児童局と呼ばれたり、児童・家族局と呼ばれたりする。

アリゾナはかつて児童局という名で民間から上がってくる児童保護案件をこなしていたが、ホットラインが稼働して膨大な案件が上がるようになると、やがてパンクして多くの案件を棚ざらしにした。相次ぐ児童の不審死によりそれが発覚し、行政全体を揺るがすスキャンダルになったという。

民間に広がった「みなで子供を守る」という高い意識レベルとそのエネルギーに、行政が追いついていなかったのだ。その反省のもと、児童の安全を強く意識した組織に生まれ変わったのが、現在の児童安全局だ。

そのような事情を知っていたので、官にも改革があったからこそ、職員たちは今、非常に意欲的に、そして自由闊達に仕事に取り組んでいるように私には見えた。この後、スチュワートと職員たちによる家族面談の現場を見学し、その思いはさらに強くなる。

スチュワートのオフィスは、20畳ほどの大きな部屋だった。中央に10人くらい座れるほどの、大きなテーブルが据えてある。

家族面談はそのテーブルを囲んで行われる。

スチュワートは言った。

「今日の面談はキャンセルになったけれど、来週の家族面談を、オブザーバーとして、君に見せてあげよう。いい経験になるでしょう」

はじめての見学の日は、クリスマスシーズンの最中だった。スチュワートのオフィスにはツリーが飾られ、壁にはデコレーションが施されていた。テーブルにはくるみ割り人形が置かれ、中央にドンと置かれた缶の中には、赤と緑のクリスマスカラーに包まれたキャンディーがどっさり詰まっていた。

面談時間が近づき、続々と職員たちが部屋に入ってきた。大テーブルの周りに座っていく。

オブザーバーは部屋の角にでもある離れた席だろうと思っていたが、職員たちはこう言った。

「あなたが離れて座っていると、とてもヘンよ。同じテーブルについたほうがいいわ」

そこで、私も家族面談のテーブルに席を用意された。ただし発言権はなく、守秘義務のために録音・録画はいっさい行わないという条件で。

スチュワートは議長のような役割で、最も上座についていた。横には児童保護員の管理職が座る。担当の児童保護員は2人である。

予定の時間になり、面談する家族が部屋に通された。

ケース1　ダメな人間、だけど我が子を育てたい

不満を露わにした若い男女が目の前に座った。私の左隣には女性の両親が座った。母親は心配そう、父親は怒りを抑えるように顔をしかめていた。

父親の怒りが爆発したのは、腰を下ろしてすぐだった。

「私はこの男を絶対に認めないぞ！」

私は跳び上がった。あまりにも当事者たちと近かった。

第6章
児童安全局

若い男女は未婚のカップルである。女性は21歳。14歳のときにマリファナ吸引の補導歴がある。

男性は31歳。マリファナ、薬物、アルコールの問題で前科があった。

この女性が出産した生後16か月の娘の脳には腫瘍が見つかり、現在、子供は緊急手術で入院している。

若いカップルは赤子を育てたいと主張している。しかしこの二人では養育は困難ではないか、と病院から連絡があり、児童安全局が介入することになった。女性の両親からも、娘とその男が一緒に赤子の養育にあたるのは反対だと、先に児童安全局に相談があった。今はそうでなくても、これまでの素行や現在の状況から判断して、二人はいずれ児童虐待を行うのではないかと周囲に不安視されていた。

女性は、だらしない服装にふにゃふにゃした子供っぽい態度だった。両親とは目も合わせない。男性は全身黒っぽい服で、そこには攻撃的な絵柄がプリントされている。ちょっと反抗期の高校生のようだった。

スチュワートが各人に自分の名前を書くプレートを配った。若い男はペンをすばやく走らせ、トンッとプレートを立てた。

そのプレートには「(赤子の) Father?」と記されていた。その場の全員が彼の書いた『?』マークに無言で注目した。

スチュワートはその場にいる全員に自己紹介を促した。私の番が来て、「日本からアメリカの児童福祉を学びに来た『まさき』です。オブザーバーとして同席させていただきます」と言った。

男性は、私に視線を合わせて言った。

「日本からわざわざ学びに来たのか？　本当は、アメリカが日本に習いに行かなければならないんじゃないか？」

この場での私の発言は許されないため、代わりにスチュワートが応える。

「お互いいいところも悪いところもある。それを学び合うのが社会なんだよ」

彼は無言でうなずいた。

第6章
児童安全局

「さて、この家族の状況をよい方向にするにはどうしたらいいのか。今日はそれを話し合うために、みながここに集まった。どうすればいいと思う?」

女性の父親がふんぞり返ったまま言った。

「私はこの男を認めない。数週間前にこの男は家に怒鳴りこんできたんだ。そんな奴、認められるか!」

男性は反論する。

「怒鳴っていない。大きな声だったかもしれないが、俺は怒鳴っていなかった」

父親が怒鳴る。

「お前の声はいつも怒鳴っているんだ。それは怒っているからだろう」

「俺は声が大きいけれど、怒鳴ってはいないんだ」

「お前の声や態度が怒っているんだ!」

スチュワートと職員たちは、しばらく口をはさまず静観している。ややあって、スチュワートが二人を止める。

すると今度は、女性がものすごい目で父親をにらみつけた。

「パパはいつもそんなふうだから嫌なのよ! 絶対にパパの家には戻らない。彼と暮らして、赤ちゃんを一緒に育てる」

父親は立ち上がる。

「お前もこの男も無職だろう！　どうやって子供を育てるというのだ！　お前たちがつくる家庭環境は児童虐待になるんだぞ！」

スチュワートがなだめた。

「まずは若い二人の話を聞こうじゃないか」

男性は先ほどのやりとりで、逆に冷静になったようだった。声を抑え、ゆっくりと話す。

「俺は……ドラッグと酒に溺れたことがある。逮捕歴もある。でも今はそれをキッパリとやめて、依存症の治療プログラムにもちゃんと通っている。それに、日雇いだけれど工事現場の仕事もしているんだ」

調査をした家庭指導員がスチュワートに報告する。

「賃貸住居の家賃は支払われ、健康保険も、雇用されたときに入っています。継続できる保証はありませんが、今のところはなんとか暮らしているようです」

再び父親が怒鳴る。

「ほら、継続できる保証がないじゃないか！　娘と赤子は私の家で暮らせば、すべて面倒を見ることができる。それができる金はあるんだから」

その言葉に、娘はすぐに力をこめて言った。

「絶対に、パパの家には戻らない！」

報告書には、彼女が14歳で家出をし、マリファナで補導されたと記されている。家出の原因は何だったのだろう。

面談に訪れた彼らには、３つの選択肢がある。

１つめは、児童安全局が支援しつつ、若い二人が赤子を育てるという選択肢。

２つめは、経済的にしっかりしている女性の両親宅に戻り、赤子を育てるという選択肢。

３つめは、いったん赤子を児童養護施設に預け、若い二人がしっかりと更生し、経済的に安定したところで子供を迎えに行くという選択肢。

スチュワートは面談を進行しながら調書も作成していて、手は休まずにパソコンのキーボードを叩いている。

その手をぴたりと止めると、彼は言った。

「ここに入ってくるときに、職員たちが面倒を見ている乳児たちを目にしただろう？」

彼らはうなずいた。

「あの赤ちゃんたちの親は、そもそも子育てをする気がない。いらないから殺そうとする母親もいる。でもこの二人は、未熟ながらも子育てをしたいと言う。

その気持ちを、私は尊重したいと思う。そのためにどうすればいいかをみんな考えないか？」

赤子を不適切な親から取り上げるのは簡単だ。しかしその判断は、きわめて慎重に行わなければならないと、スチュワートは言った。

「私は、親となるチャンスを若い二人から奪いたくありません。他の職員たちの思いも同じです。ただ、この判断は、ときに子供の命を危険にさらします。そうならないよう、もしも赤子にとって、あなたたちが危険と判断した場合には、すぐにあなたたちから赤子を取り上げます。いいですか？」

若い二人は無言でうなずいた。

第6章
児童安全局

それからしばらくして、男性はぽつりぽつりと話し始めた。

「俺は……12歳のときに母親に捨てられたんだ。それ以来、家族の支えなしに生きてきた。人間としてダメな部分はたくさんある。でも俺は、俺の母親のように子供を捨てるようなことはしたくない。絶対にしたくないんだ」

娘の父親は、静かにため息をついた。

男性はスチュワートを正視すると、強い意志のこもった声で言った。

「俺はこの人たち（女性の両親）のサポートではなく、あなたたち児童安全局のサポートを得ていきたいです。どうか俺たちに必要なことを教えてください」

担当の児童保護員がすっと立ち上がり、ホワイトボードにこう書いた。


家族とは何か？

親になるとはどういうことか？

感情と生活のセルフコントロールをするには、どうすればいいのか？


保護員は言った。

「この3つを学ぶことができるカウンセリングを紹介します。二人とも、しっかり受けられますか？」

納得のいかない様子の女性の父親に、スチュワートが言う。

「若い二人にチャンスを与えようではないか」

そして、二人に念を押した。

「できなければ、私たちはすぐに子供を取り上げます。わかりましたか？」

若いカップルは、はっきり「はい」と返事をした。


面談が終了し、職員たちが立ち去ろうとしたとき、男性は声を震わせながら言った。

「俺は……ここで責められるものだとばかり思っていた。でも、俺たちにチャンスを与えてくれた。俺は精いっぱいがんばるよ。赤ちゃんのためにがんばる。父親になる」

スチュワートはその男をドアまで見送るとテーブルの上を整理し、ホワイトボードの文字を消した。

「彼の『？』マークが、父親になる決心に変わったね。あの若いカップルもまたそれぞれ、子供時代には親子間の問題における被害者だったんだよ」

「そうですね……あの女性のお父さんは怖かったです」

「威圧的で命令口調だったね。度を越せば、それは精神的な虐待だ。あの父親は、それを理解していないのだろうねえ。

今回のケースは、私たちがうまくガイドをすることで負の連鎖を食い止めることができる。あの若い二人は、ちゃんと赤ちゃんに愛情を与えられるかもしれないよ。

そのチャンスを奪ってはいけないんだ」

ケース2 諦めてしまった父親

15分ほどの休憩後、オフィスには次の面談家族がやってくるはずだった。

子供を学校に通わせない父親と、2人の子供たち。児童安全局はこの家族についてこれまでに2回、通報を受けていた。

最初は子供たちのうち、13歳の女の子のほうが手首を切って自殺未遂を起こした。そこで、病院が通報してきたという。

すでに担当職員たちは席についているが、予定の時間になっても家族は現れない。

「では、電話を入れよう」

スチュワートが指示し、担当の児童保護員が携帯電話で父親を呼び出す。仕事で疲れて寝てしまい、行く気がなくなった。子供たちは祖母とクリスマスショッピングに出かけている、と父親は言う。

スチュワートは電話の向こうの父親によく聞こえるように大きめの声で言った。

「君は夜勤をしていて昼間は眠いだろうが、これは君の子供についての重要な会議だ。ベッドから出て顔を洗い、5分後に電話の前に座りなさい」

5分たち、再び電話する。テーブル上にはスピーカーと集音マイクがあり、オフィスの全員と父親が会話できるようになっている。

父親は50歳。11歳と13歳の女の子がいるが、どちらも学校に行かせていない。

母親は30代だが行方不明。婚姻関係はない。

父親は深夜の仕事をしており、日中は寝ている。育児にはまったく関心がない。

13歳の娘の自殺未遂以来、児童安全局が観察を続ける案件だった。

各人の自己紹介の後、スチュワートはすぐ話し合いに入る。

「この国は義務教育であることは、君も知っているだろう？」

「あ……うん……知っている……」

「子供を学校に行かせていない状態が続けば、裁判所で手続きが行われ、親は罪に問われて刑務所に行くことになるが、それでもいいか？」

厳しい言葉を使ったのは、父親がそもそも真剣に考えていないからだ。

「わかっているよ……ただ、子供たちが学校に行ってないのは、俺も知らなかったんだ……」

「知らなかった？」

担当の児童保護員たちが口々にスピーカーに向かって発言し、父親にこのままではどうなるか、説明や説得を試みる。

「子供に学校に行くように言いなさい！　それが親でしょ！　昼間寝ていてわからないなど言っていないで、朝、子供たちが学校に行くのをしっかり見届けなさい！」

「あなたの娘は一度、自殺未遂をしているわ。私たちはとても心配しているの。あなたの子供たちの未来のために一生懸命考えています。親であるあなたも一緒に考えてください」

しかし父親は相変わらず、「あ……わかっていますが……」と小さな声であいまいに答えるだけだ。

スチュワートは黙って考えていた様子だったが、しばらくして保護員たちに指示を出した。

「子供たちが学校に通っている確認が取れなければ、すぐにも保護だ」

面談は終了した。

保護員の一人が言った。

「彼は、子供たちを保護してほしいのかもしれないわ……。すでに子育てを諦めているのよ。自分のことで手いっぱいなのかもしれない……」

家庭を調査した職員が言う。

「この父親も、子供の頃、学校に通っていなかったようなのです」

スチュワートは言う。

「こういったケースの子供たちは、本来、年齢に応じて身につくはずのものが身についていないことが多い。家庭の中でも学校でも学ばないから、発達遅延を起こしている可能性がある。

そういう環境で育った子がまた親となり、学校や教育をおろそかにする。だから、ここでしっかりこの連鎖を断ち切らなければならないよ」

ケース3 子供は子供でいなさい

別の日、また家族面談のオブザーバーを許された。

予定の時間より早く来た父親が、職員に案内されて部屋に入ってきた。50代半ば、痩身（そうしん）の日焼けした男性だった。表情はどこか嬉しそうで、なにやら張りきっている。養護施設で暮らしている娘ともう一度一緒に暮らしたいと、自分で相談してきたのだという。

当初、離婚した父親は息子を、そして母親は娘を育てていた。が、どちらも育児放棄で通報され、子供たちは保護された。

後に夫婦はどちらも精神疾患を患い、職に就けず、アルコール中毒に陥っていたことが判明する。父親と暮らしていた息子も入院し、母親と暮らしていた娘のほうは発達遅延が著しかったため、姉弟共に治療が必要とされた。

親もとへ帰すことは困難で、すでに4年にわたり、親子それぞれに治療や支援が行われていた。


父親は私の前に座り、このアジア系の女性は誰？　という表情をした。

「彼女は、日本から来たオブザーバーです」

スチュワートからの説明に、彼はパッと明るい表情を見せた。

「そうか、やっぱり君は日本人なんだね！　それはきっと娘が喜ぶよ。娘は日本が大好きなんだ。日本のことを話してやってほしいなあ」


しばらくして、養護施設の職員に付き添われた少女が入ってきた。着ている服には「Ｔｏｋｙｏ」と書かれていた。父親は娘に駆けよるとハグをして、私のほうを見て言った。

「ほら、今日は日本人の女性がいるよ。君は日本が好きだろう？」

少女は恥ずかしそうにほほえんだ。

第6章
児童安全局

少女は椅子に腰かけ、付き添いの職員と一緒にテーブルのキャンディー缶からロリポップキャンディーを取り出して口に入れた。

スチュワートが言う。

「さて、全員が揃ったので面談を始めます」

少女と職員は、口にキャンディーの棒をくわえたままうなずく。

少女はそっと職員に聞く。

「キャンディー、あと2本もらってもいい？　帰ったら友達にあげたいの」

許可をもらい、少女は笑顔で2本のキャンディーをポケットに入れる。


スチュワートが、担当の児童保護員に尋ねる。

「母親のほうも来るはずだっただろう？」

「はい。ですが母親は元夫とは別々に進めたいそうで、今日は出席しません」

話し合いが始まる。

「さて、父親は心理治療プログラムを受け、働くこともできるようになり、子供たちを迎え入れたいと言っている。そのことについてみなで話し合おう」

報告書が読み上げられる。

「この1年は、真面目に復帰プログラムを受けていたようです。アルコール依存症治療とセルフコントロールのカウンセリング、心理療法のグループセッションなども積極的に参加しています」

スチュワートが少女に尋ねた。

「お父さんは一緒に住みたいと言っているが、どう思う？」

彼女はテーブルの下で、手をもじもじとさせながら言った。

「一緒に住みたいけど……不安……」

保護員が尋ねた。

「何が不安なの？」

少女はうつむいたまま言う。

「まだ自分の感情がコントロールできないから……」

スチュワートが聞き返した。

「君自身の感情コントロールかね？　それともお父さんが自分の感情をコントロールできないから？」

少女は目線を上げることなく答える。

「私の感情のコントロールがまだできないの。また爆発するかもしれない。そんな私を、父はコントロールできないかもしれない。それが不安なの……」

少女と同じようにキャンディーを口に入れたまま、養護施設の職員が言う。

「彼女の生活態度は問題ないわ。彼女はずっと行動や態度の指導員（ビヘイビア・コーチ）のもとでとても真面目に努力していたから」

さらにうつむいて、少女はキャンディーの棒を指先で回しながら、ぽつりと呟（つぶや）いた。

「それでも……施設のほうが安心……」

担当の児童保護員が、少女の顔を覗きこみながら言う。

「何が不安なのか、教えて」

少女は言う。

「施設は安全な場所……。安全な場所を離れるのが、怖い」

泣きだしそうになりながら、言葉を続ける。

「父が、自分たちの面倒を見られるか心配……。父自身も、自分のことで精いっぱいだから……」

するとスチュワートのとなりに座っていた、保護員の女性管理職が声を上げた。

「何を言っているの！」

少女は驚いて顔を上げる。

「あなたは、このお父さんの『母親』になる必要はないのよ！」

少女はキョトンとしていた。

「いい？　あなたは子供なの。子供なのだから、子供でいなさい！　親は、子供のことを考えるのが当たり前なの。ご飯を食べさせて、面倒を見て、学校に行かせるのが親の役目なのよ。だから、彼が親になることを学ぶべきで、それはあなたじゃないの！」

その言葉に、少女の顔には笑みが浮かんだ。

スチュワートが言う。

「父親に積極的な姿勢が見られるので、クリスマスの2日間を父親の家で過ごしてみるかい？」

少女は満面の笑みを見せて「うん」とうなずき、小さなガッツポーズをした。

スチュワートは言う。

「今後は、父親の家で数日間を過ごすことを繰り返してみよう。そして最終的には父親と暮らす方向性で、私たちは努力していこう」

スチュワートはカレンダーを眺めてから言った。

「では、3月に司法決定をする方向で進めよう。いいかな?」

全員一致で面談は終了した。

帰り際に、父親は職員たちに言った。

「私はすぐ親となることを学ぶ療法(ペアレンタルセラピー)を受けて、娘を迎え入れる準備をします。子供たちが保護されて、ようやくわかりました。親として責任を果たせるように努力します」

親子が去り、担当職員たちが部屋を出た後、スチュワートは嬉しそうに言った。

「父も娘も前向きでいい面談だった。家族の再建ができそうだね」

親もまた救われなければ

次の面談は、乳幼児の母親が来る予定だった。だが来ない。

30代で自分の母親（つまり子供にとっては祖母）に預けっぱなしの子供が3人。それぞれに父親が違う。4人目の子供に心臓疾患が見つかったが、その後に医療受診をしないため、病院側から通報があって子供は保護された。子供は来月、心臓の手術を受ける予定である。

テーブルについた職員たちが話をする。

「本当に最近、乳幼児の疾患が見つかるケースが多いわ……」

「妊娠しているのにお酒やタバコ、ドラッグをやめないからよ」

「それも虐待よね……。虐待は子宮の中からすでに始まっているのよ……」

携帯電話にようやく母親が出た。

「今どこにいるのですか？　今日は、赤ちゃんのために話し合う予定だったでしょう？」

「行かないわよ。それに今、私がどこにいるかも言わない！」

「何を言っているの？　あなたの赤ちゃんですよ」

「あなたたちが私の赤ちゃんを盗んだのでしょう？　弁護士を雇ったわよ」

他の職員が小声でスチュワートに言った。

「昨日の電話では児童安全局に赤ちゃんを盗まれたから、警察に通報するって言っていたわ」

スチュワートが言った。

「弁護士と警察もここに連れてきなさい。一緒に話し合いをしましょう」

母親の声が、スピーカーからかん高く響いた。

「あなたたちと話すつもりはないわ。あなたたちは誘拐犯よ」

職員が少し憤慨気味に言う。

「あなたの赤ちゃんのために話し合いましょうと言っているのですよ!」

「私は絶対にあなたたちと話さないわ!」

「では、司法命令を取ることになります。来なければ裁判所に持ちこむことになりますが、それでいいのですか?」

「いいわよ。あなたたちは誘拐犯よ! 私は何も悪くないわ!」

そして、ブツンと電話が切れた。

私は職員たちに尋ねた。

「わりと激しい口調でしたね」

職員が言う。

「赤ちゃんの手術がある。もっと真剣になってほしいのです」

調査の結果、この母親はメキシコからの不法移民であることがわかった。赤子を親もとに帰してもアメリカ国民として扱われないため、子供の健康保険が得られない。母子への家庭支援金や低所得者手当て、そして食料支援のフードチケットなど、アメリカ政府が行っている生活保護はいずれも得られないのである。

来月には赤ちゃんの手術がある。その後の治療の相談もしなければならない。

担当の児童保護員は言う。

「若い不法移民の母子家庭……。どうしたって誰かの助けが必要よ」

私は尋ねた。

「トランプ政権以降、不法移民の取り締まりが厳しくなりました。児童安全局には不法移民の家庭で起きている児童虐待も多く通報されています。児童安全局が不法滞在の家庭を移民局に通報することはあるのですか?」

職員の一人が答えた。

「私たちの仕事は、子供たちの未来を考える仕事です。移民局に通報することはありません」

移民局の捜査官は、不法滞在の親だけではなく、子供も強制的な保護の対象としている。もしかするとこの母親は、政府機関である児童安全局に足を運ぶと、不法移民であることを通報されると心配しているのかもしれなかった。

今度は逆に、職員から私に質問があった。

「日本には不法移民の問題はないでしょう?」

私は答えた。

「日本における不法残留者は約7万人といわれています。他の国の問題というわけにはいきません」

職員が言う。

「そうね、これは世界中の問題ね……。不法移民の家庭に起こる児童虐待はとても発見しにくいのです。そういう家族は、あまり社会と関わらないように暮らしていますから……」

職員たちは話し終えると「乳児たちのミルクの時間だわ」と、足早に部屋を出ていった。

スチュワートは、それを見送りながら言った。

「この面談のテーブルには複雑にもつれた親子のケースがたくさん運ばれてくる。私たちの行っているのは、そういうケースを一つひとつ修復し、新たな関係がつくり上げられるよう、その親子にとっての『最善』を探す仕事です」

そしてスチュワートはつけ足した。

「どんなに嫌われようとね」

スチュワートに感謝と別れを告げ、児童安全局の建物の外へ出た。

すると、すぐ外で若い女性が大きな声で泣いている。その女性の肩に手を当て、もう一人の女性がなだめている。

若い女性は、泣き声で言った。

「嫌よ、中に入りたくない。いや!」

もう一人の女性が言う。

「何を言ってるの?　あの子はあなたの子なのよ。あなたは母親でしょう?」

「嫌よ!」

きっとその赤ちゃんは、建物の中で職員たちが大切に抱き、ミルクを与えている子のひとりだ。

促されて女性は建物に入っていった。私は少しほっとしてその姿を見送った。中ではきっと、スチュワートや他の職員たちが、どんなかたちであれ、彼女の「最善」を探してくれるはずだ。

児童救済の最先端を走るアメリカ最大の民間組織、チャイルドヘルプを訪ねる私の旅は、思いがけないことに、民間とは別に政府の福祉機関で行われている家族再建の現場まで見せてくれた。

スチュワートが実際のケースを見せてくれたおかげで、私に、とても大事な気づきを与えてくれた。

児童安全局の職員たちの、親子を思う誠実な姿。

それはこれまで、危険な親から子供を救出することばかり考えていた私に、児童救済の真のゴールをもう一度教えてくれたように思えた。

どんなにボロボロの親であれ、我が子を虐待する原因となった問題を、周りの社会がさまざまに支えて解決に導き、親子関係の修復と家族の再建を目指す。

すっかり忘れていた。

フォレンジック・インタビュアーのジェニファーも最初に言っていたではないか。

保護された子供はもちろんのこと、間違いを犯してしまった親もまた救われなければならない、と。

第7章

虐待予防教育

無言の被害者たち（サイレント・ヴィクティム）

私には、若いときの後悔がある。

27歳でカナダに渡り、牧場で働いたが、共に働く女性とどうしても相性がよくなかった。

牧場での仕事というのは、牛や馬などの大型動物を扱い、トラクターなどの重機を運転し、何十キロもある干し草を積み上げる。常に危険が伴う。共同で作業するには信頼関係が必要だが、私は次第に彼女を避けるようになった。

見かねた牧場主のおばあちゃんは、私に話してくれた。

彼女は父と兄弟たちから虐待を受けて育ち、14歳で家を飛び出したこと。

路上暮らしのなかで、薬物やアルコールに溺れていた過去があること。

牧場主は、長年教師をするかたわら、薬物やアルコールに溺れる青少年のカウンセリングをしていた。そのカウンセリングに連れてこられた身寄りのない彼女に、共に暮らしながら牧場の作業を任せていたのだ。

当時の私は、そんな事情を聞いても深く思いやることができなかった。

今でも考える。彼女とちゃんと向き合えばよかったと。

彼女は、まさに虐待サバイバーだった。

*

2016年、はじめてチャイルドヘルプの本部を訪ねたとき、そこで受付の仕事をしていたタミー・ワレスは、4年後の現在、チャイルドヘルプに協力するボランティアの支部ネットワークを総轄する立場にある。

タミーは沖縄に駐留していた米軍の元女性兵士で、真っ直ぐな背筋と筋肉質な身体が印象的だったが、今ではお洒落なオフィスレディーだ。大きな声で明るく豪快に笑う、アフリカ系の女性である。

彼女がチャイルドヘルプの受付の職を得たのは偶然だったが、ある日、会議のために本部にやってきたサラとイヴォンヌはタミーを見てこう言った。

「この、目の綺麗な子は誰？　誰なの？」

近くにいた職員が「新しく入った子ですよ」と言うと、二人はタミーを抱きしめて「よく来てくれました。ありがとう」と感謝したという。

タミーは驚いた。不思議な温かみを感じた瞬間だった。心の中に閉じこめていたものが溶けていくような感覚を覚え、それ以来、自分の過去と向き合えるようになった。


タミーは目を真っ赤にした。

「私は、父親からの暴力を受け続けて育ちました。自分が児童救済組織で受付の職に就くなんて、思ってもみませんでした。……まるで神様の導きのように思いました」

私は尋ねた。

「虐待を受けていた頃、助けを求めなかったのですか？」

彼女は言った。

「その頃、助けがあるなんて知らなかった。学校も、周りの大人も、誰も教えてくれませんでした……。逃げる場所があることやホットラインがあることも知らなかったのです」

タミーは高校を卒業すると、父親から逃れるように軍に入隊した。

彼女は言う。

「子供のときに虐待とは何か、教えてほしかった……。親の行動が間違いだと気づかせてほしかった……。誰かが教えてくれないと子供にわかるはずがないのですから……」

そして、彼女は唇を噛みしめた。

＊

大学生の娘を持つ50歳半ばのキャシー・イミングは、子供たちのおもちゃや服の寄付を募る企画の運営を担当している。彼女もまた、何かに導かれたようにチャイルドヘルプで職に就いたひとりだ。

キャシーは教会ボランティアとして、長年、ホームレスの支援をしている専業主婦だった。

週末になると炊き出しをする。平日は寄付を集めたり、煮炊きの準備をしたりする。

それだけでも大変な社会貢献だが、彼女は「まだ自分にできることはないか？」と真夜中にパソコンを開いた。

すると、パッと開いたのがチャイルドヘルプのホームページだった。

キャシーは驚きで目を見開き、息をのんだ。

「本当に？（Are you sure?）」

なぜならキャシー自身、児童虐待のサバイバーだったからだ。

敬虔なクリスチャンであった彼女は、天を仰いだ。

「主よ、あなたは私に、今まで誰にも言わなかった幼い頃の体験と再び向き合うようにとおっしゃるのですね？」

次の日、キャシーは電話をして面接を受けることになった。ところが面接に向かう道中、車のエンジンが異臭を放って止まった。

主の導きに応えることができないと、キャシーは大粒の涙を流した。

そんなキャシーの前をパトカーが通りかかる。事情を知った警察官はキャシーをパトカーに乗せ、面接の場となる本部まで乗せてきた。

本部で待っていたのは、サラとイヴォンヌだった。

キャシーは言う。

「私は、父から性的虐待を受けていました。ずっと誰にも話すことはありませんでした。夫にも、娘にも……。

でもこの職に導かれ、虐待サバイバーであることを多くの人に話すことにしたのです。私が話すことで誰かの心に寄り添うことができるかもしれない……」

私はまた質問した。

「子供の頃、助けを求めなかったのですか？」

キャシーは言う。

「子供には、それが虐待であるということなどわからないものです。誰も教えてくれません……」

そして彼女は言った。

「特に性的虐待については、子供はそれを父親からの愛情と勘違いしてしまいます。

でもそれはいけないことです。父親としてやってはいけないこと。

でも、親が子供にしていいこと、悪いことの区別など、子供の側は知る由もありません」

＊

サラとイヴォンヌは、自宅裏の敷地に建てた小さな教会で、月に一度、日曜礼拝を行っている。

サラは40歳を過ぎてから猛勉強をして牧師の資格を取り、イヴォンヌと共に病んだ大人の心に寄り添っている。

私は滞在中、欠かさずこの礼拝に足を運び、サラのプリーチング（聖書に基づく説教）を聞いた。

キャロラインとは、その礼拝で知り合った。

50歳半ばの細身の女性で、幾度となく病に悩まされる人生だったという。キャロラインはそのとき、腰痛が和（やわ）らいできたと神に感謝していた。

実は私も、若い頃の無理が祟（たた）って腰痛持ちであったので、彼女に声をかけてしばし立ち話をした。

虐待児童の救済について取材していると話すと、彼女はこう言った。

「私の父と母はドラッグの常習者でアルコール依存症でした……。毎日のように怒鳴り、暴力を振るって食事も満足に食べさせてもらえませんでした……」

キャロラインの目には涙が浮かんでいた。

「それでも私は……自分が悪い子だからいけないのだと思い、どうすればいい子になれるのかということばかり考えていました」

涙は彼女の頬を伝った。

「どんなにひどいことをする親でも、子供にはその親しかいないのです。必死に愛してもらおうとします。愛してもらえないのは自分のせいだと思い、自分を責め続けるのです」

彼女は、涙を拭って言った。

「……でも私が悪い子だからではなかったのよね……。親の問題だったの……。それがわかったのは大人になってからだった。子供には親の事情なんてわからない。ドラッグやアルコールがどんなものなのかも、子供は知らないのですから……」

結局、キャロラインは13歳で家を飛びだした。路上で寝ているところを警察に保護され、里親家族に引き取られた。だがその家族からもひどい仕打ちを受け、その家からも逃げだす。

「逃げて、捕まって、また違う里親先に送られる。でも、またひどい目に遭って逃げる。そんなことの繰り返しだったわ……」

18歳になって保護対象から外れ、自立した。働き口を見つけて社会の人々と関わるようになると、自分が親から受けてきたことは虐待であったと、はじめて知った。ところがそう認識できるようになると、彼女は虐待の記憶により苦しめられるようになった。

彼女は自分の働いて得たお金を投じてトラウマ治療に通い、ようやく過去と向き合える強さを得たのだという。キャロラインは言う。

「昔に比べると、今の児童福祉はとてもよくなりました。でも自分を責めてしまう子供や、外に助けがあることを知らずに我慢している子供たちが、まだまだたくさんいると思います……」

キャロラインは、その子供たちを「無言の被害者(サイレント・ヴィクテイム)」と表現した。

＊

日曜礼拝の後は、庭先で簡単な昼食が振る舞われる。

第7章

虐待予防教育

キャロラインは昼食会には参加せず、帰らなければならないと教会の前でお別れをした。

が、昼食の列に皿を持って私が並んでいると、彼女はまたやってきて言った。

「あなたにハグをしたくて戻ってきたの」

彼女は私を抱きしめた。

「話を聞いてくれてありがとう。聞いてくれるということが、私には、とても心の救いになります。ありがとう」

そして笑顔を見せ、遠くで待ってくれている夫のもとへと走っていった。

キャロラインの後ろ姿を見送った私は、皿いっぱいに葉っぱのサラダとチキン、それにマッシュドポテトをのせて、サラとイヴォンヌの姿を探した。

私が二人を見つけると、二人は自分たちのテーブルに一緒に座るよう、手招きしてくれた。

その席で、私は二人に聞いてみた。「チャイルドヘルプがこれから目指していく未来構想はどんなものでしょうか」と。

その質問に、サラとイヴォンヌはこう答えた。

「私たちが次に見すえなければならないのは、虐待の『予防』です。被害に遭う側である子供たちに、前もって虐待から自分の身を守れるよう、小さいときからわかりやすく必要な知識と技術を伝えていくのです。それは、世界中で求められています。虐待予防教育は、世界中の子供たちにとってよい未来を創るでしょう」

サラは言う。

「虐待を受ける子供たちのうち、その3分の2は虐待を受けたという事実を他者に話すことがありません。予防教育は、そうやって沈黙してしまう子供たちに、声を上げる勇気と知恵も授けます」

虐待サバイバーである、前述の3人の女性はみな口を揃えて言った。

何が虐待なのか、子供にはわからない。

誰も教えてくれなかった。

でも、教えてほしかった、と。

自分で自分を守る

チャイルドヘルプは、子供への虐待予防教育について明確なコンセプトを打ち出している。

それは「スピークアップ、ビーセーフ」という考え方だ。

スピークアップとは声に出すこと、ビーセーフとは安全であること、という意味であるから、日本語に訳せば「声に出して安全を確保しよう」といったところだと思う。

子供たちは年齢に応じたカリキュラムで、幼いうちから虐待とは何かを知り、自分を大切にすること、自分を守るためにはどうすればいいかを学ぶ。

教育対象は3歳から18歳まで。その間、虐待予防の骨子を何度も復習しながら年齢に応じた詳しい内容や応用学習も行う。そうして、どんどん「自分で自分を守る力」を高めていく。

このチャイルドヘルプの虐待予防教育は、アメリカ教育省、サウスウエスト学際研究センター、グローバルスポーツ開発財団、アリゾナ州立大学、ノースセントラル大学などで認証され、今、数多くの教育現場で採用されている。

地域教育の一環として、地元の子供たちを集めて行われることもあるが、基本的には学校教育のなかに組みこまれ、毎年、学年ごとに虐待予防の知識と技術を学ぶようになっている。

教えるのは「ファシリテーター」と呼ばれる講師である。

ファシリテーターになるのに、特に資格は必要ではない。誰でも講師になる教育を受けることができ、オンラインのファシリテーター養成コースもある。

アメリカ取材から帰国後、私もオンラインでコースを受けた。日本人としてははじめての受講者であった。

ここで述べるのは、ファシリテーターが子供たちに伝える、虐待予防のための知識と技術のカリキュラム概要である。

まだ、日本の実情にきちんとフィットしていないところはあるかもしれない。

それは、私にコースを教えるチャイルドヘルプも心配していた。

でも、きっと参考になる。

私たちは、日本でも、子供自身が自分で自分を守る力を備える必要性を感じている。虐待サバイバーたちが証言してくれたように、被害の当事者が、一番、自分の身に何が起きているかをそのとき理解していない。

声に出せれば周囲は気づく。心ある人々は動きだす。

こういう取り組みがあるということを知って、子供たちのそばにいる、日本のそれぞれの地域に住む人々が、ファシリテーターやファシリテーター同様の心得のある存在になっていけばいいな、と、私は夢見る。

第7章
虐待予防教育

ファシリテーター養成で学ぶ内容は、子供の成長に合わせて膨大な量とノウハウがあるので、本書では主に3歳から6歳までの子供、つまり何も知らない子供にはじめて虐待予防の骨子が伝えられるときの具体例を紹介する。

年齢が上がればもっといろんなことを伝え、さらに虐待から身を守るスキルを高めていけるが、最も大事な知識と方法は、すでに幼児のときにしっかり伝えられるということを示したいと思う。

用意されるのは、人型の塗り絵。

その紙には、「これは私の身体です！」と書いてある。

幼児はそこに楽しく色を塗り、自分の身体を認識する。

髪の毛、目の色や形、鼻や口……ファシリテーターは優しく話しかける。

「さあ、できましたか？　では、この絵は誰の身体ですか？」

「そう、あなたの身体です。あなたのとても大切な身体です」


歌も歌う。

「大切な私（スペシャルミー）」という歌だ。

スペシャルという語は一般的には「特別な」と訳すが、自分を大切に思う気持ちを育てるための歌なので、「大切な私」と訳したいと思う。

私は大切で、だからいつも安全な環境の中で大きくならなくてはいけないよ。

そういう思いをこめて歌う。


♪

大切な私、（自分を指す）、大切なあなた、（他の子供を指す）

これは頭から靴の先。(頭の上を指してから足を指す)
私は正しい選択肢を持っています。(3本の指を持ち、もういっぽうの手でその指を指す。この選択肢については後述する)
私は大切です!(自分を指す) あなたもです!(他の子供を指す)
大切な私(自分を指す) 大切なあなた(他の子供を指す)
私は大切です!(自分を指す) あなたもです!(他の子供を指す)

♪


ファシリテーターは幼稚園や保育園に行き、たくさんの幼児にいっぺんに教えることも可能である。アメリカでは、当たり前に幼稚園がこのカリキュラムを取り入れている。

虐待予防教育1日め。

「みなさん、質問がある場合は手を挙げて、私があなたを呼ぶのを待ってくださいね。今日お話しする内容は、あなたや、あなたが知っている誰かについて思い出すようなお話かもしれません。もし思い出したら、後で私や先生に話すことができます。何かを思い出したら教えてね。私たちがお手伝いしますからね」

「では、質問します。安全な人というのは誰のことですか？」

「両親？　兄弟？　先生？　となりに住む人？　バスの運転手？　警察官？」

「大切なことは、あなたの暮らしの中で、誰が安全な大人なのかを知ることです。なぜなら、それを知っていれば、助けが必要なときに安全な大人に『助けて』と言うことができます」

「安全な大人は、あなたを助け、混乱したり怖がったりしたときに耳を傾けてくれます」

「安全な大人は、あなたの両親や、祖父母や、叔母、親類かもしれません」

「他には、幼稚園の先生や学校で働いている人かもしれません。警察官も、あなたを助けてくれます」

「あなたが考える安全な大人は、友達や他の人が考えている人とは違う場合があります。大切なのは、あなたにとって安全な大人ということです」

ファシリテーターは、しっかりと発音して強調する。

「安全な大人とは、あなたの言うことに耳を傾け、世話をし、決してあなたを傷つけない大人のことです」

「それにあなたの安全を守るのは、大人の仕事です。とてもとても大切な仕事です」

「あなたたちは、みんな大切なのです。誰もあなたを傷つけてはいけないのです」

第7章

虐待予防教育

「子供を傷つけるのは間違いなのです」

次に、ファシリテーターは身体の話をする。

「あなたの身体は、あなたが誰なのかにつながる、とても大切なものです。みなさん、ここに身体を持ってきましたか？」

「では、その身体はどこにあるのですか？」

園児たちは言う。あるよー。持ってきたよー。

「そう。ここね。この身体はとても大切です。誰もこの身体を傷つけてはいけません」

園児たちは言う。ここー。ここにあるよ。（自分の身体を指さす）

「では、身体を傷つけるとはどんなことですか？」

園児たちは言う。蹴る。叩く。つまむ。噛む！　ドンと押す。

「そうです。それらはとても危険なことです」

「それでは、あなたの身体を守る方法の話をしましょう」

「さあ、自分の身体を抱きしめるように、腕をクロスして自分を抱きしめて、そして言うのです。これは私の身体です！」

園児たちは腕を交差させ、自分を抱きしめて言う。これは私の身体です！

「もう一度言ってみましょう」

園児たちは繰り返す。これは私の身体です！

「では、この身体にはとてもプライベートな部分があるというお話をします」

「このプライベートな部分というのは、みなさんがプールに入るときに水着でおおわれている部分のことです。みなが持っているものです。男の子も、女の子も。そしてその部分は、自分で守らなければなりません」

「その部分を、他の人に見せたり触らせたりしてはいけないのです」

「写真を撮らせることもダメです」

「では、そのプライベートな部分をどのように守るのですか？」

「その部分は、いつも服や何かでおおわれていなければなりません。そうすれば、誰も写真を撮ることはできません」

「もしもあなたが病気で、お医者さんがその病気を診なければならないとき、あなたの親がその部屋に一緒にいるなら、その部分をお医者さんに見せても大丈夫です」

「でもお医者さん以外の人に見られたり、触られたりした場合は、安全な大人に話してください。もしも自分が安全な状態かどうかわからないときは、安全な大人に尋ねてください」

「もしも自分が安全かどうかわからないときは、こうするのです」

手のひらを上にして肩をすくめ、わからないというジェスチャーをする。そしてこう言う。

「大人に尋ねます。私は安全ですか?」


「では、練習よ」

「知らない男の人が来て、お母さんにあなたを連れてくるように言われたと言いました。そして、クッキーの箱を見せました。これは安全ですか?」

わからないという顔の園児たち。

「これは罠（トリック）です。罠とは、あなたに嘘をついたりだましたりすることです」

「安全かどうかわからないときはどうしますか?」

園児は肩をすくめて、わからないというジェスチャーをする。

「わからないときは、『大人に尋ねます。私は安全ですか?』はい、やってみて」

「では、もう一度聞くわね。誰かがあなたを傷つけようとした場合、あなたはどうするのですか?」

「腕をクロスして、自分を抱きしめて」

これは私の身体です！　と園児たち。

「わからないときは、どうするのですか？」

「手のひらを上にして、肩をすくめて……」

大人に尋ねます！　私は安全ですか？

「はい。では今日はここまでです。よくがんばりました！」


虐待予防教育2日め。

ファシリテーターは、後半のカリキュラムを教える。

「みんな覚えているかな？　子供の安全を守るのは、大人の仕事です。でも大人は時々、その仕事をしなかったり、できなかったり、そこにいなかったりします。

もしあなたがとても悪い状況にあるとき、または誰かがあなたを傷つけているときに、あなたに何ができるかについて、今日はお話ししますね」

「さて、あなたがちょっと怖いとか、変だなあと思っているのに、助けてくれる安全な大人が近くにいなかったらどうしますか？」

「そういうときは、こうします。指を3本立て、こう言ってみてください」
「私には（安全を確保する）選択肢があります！」
園児たちは言う。私には選択肢があります！
「できることが3つあります」（立てた3本の指を、もういっぽうの手で指し示す）
「1つめはね」（1つめの指を指さす）
「言葉を使う」
園児たちは言う。言葉を使う！
「その言葉はたとえばね、『それはいや！』『やめて！』『そんなことしないで！』というものです」
「2つめはね」（2つめの指を指さす）
「逃げる。走って安全なところまで逃げるのです」
園児たちは言う。逃げる！
「3つめはね」（3つめの指を指さす）
「離れる。そして近寄らない」
園児たちは言う。離れる！

「ではね、アンという名の女の子がいました。彼女は誰かに傷つけられています。でも、『それを誰にも言うことができない』とアンは言いました。なぜなら、それは秘密だからです。彼女はどうすればいいですか？」

「誰かがあなたを傷つけたとき、その人はこう言うかもしれません。これは秘密だよ。誰にも言ってはいけないよ、と」

「でも、あなたを傷つけた人の言うことを聞いてはいけません。そして傷つけられたことを、安全な大人に話さなければなりません」

「みんな口元に手を当てて。声が遠くに届くように。そして、こう言います。『誰かに話すこと！』」

園児たちは言う。誰かに話すこと！

「でも話すのがとてもむずかしいときがあります。話したいのに言葉が見つからないことがあります。そんなときは絵を描いてください。絵を描いて、安全な大人に見せてください。そうすれば、話したい言葉が見つかるかもしれません」

「では、最後のお話です」

「アンは誰かに傷つけられたのに、『それは私がいけなかったの』と言いました。本当にアンはいけなかったの？」

「いいですか？　アンはいけなくありません。覚えていますか？　誰もアンを傷つけてはいけないのです。傷つけた人がいけないのです」

「では、腕を胸のあたりに持ってきて、×マークをつくり、そしてこう言いましょう」

「決して私のせいではありません！」

「さあ、言ってみて」

園児たちは言う。決して私のせいではありません！

「みんなありがとう。今日覚えたことをみんなでやってみましょう！」

指を3本立て、

「私には3つの選択肢があります！　言葉を使う。逃げる。離れる」

口に手を当てて声が遠くに届くように、

「誰かに話すこと！」

胸の前で腕を交差させ、×マークをつくって、

「決して私のせいではありません！」

「みんな、忘れないでくださいね。あなたたちはとても大切なのです。だから、自分で自分を守らなければなりません。もし何か思い出したり、話したいことがあったら話しに来てね。私でも先生でもいいです。安全な大人に話してくださいね」

もし、6歳のまさきが3歳でも4歳でもいい、早いうちにこの授業を受けていたら、と考える。

このようにして、継父が暴力を振るうことやまさきの身体を触ることはいけないことだと知っていたら。

まさきは大人は子供を守ることが仕事であり、誰も傷つけてはいけないことを知り、暴力を振るわれるのは、自分がいけないからではないと思うだろう。そしてこのことを誰かに話すために、安全な大人を見つけようとするだろう。

学校の先生、警察官、もしかしたら近所の優しいおばちゃんかもしれない。まさきは幼いながらもきっと安全な大人を見つけ、助けを求めることができる。

この授業の後には、児童虐待ホットラインの電話番号が書かれた文房具や小さなおもちゃ、学校用品などが配られる。

子供はそれを握りしめ、もしうまく言葉にできなくても、少なくとも安全な大人に「ここに電話して」とは言える。幼くても「何がいけないことなのか」を知ることで、自分で自分を守ることができるのだ。

＊

小学生（6歳から12歳）向けの虐待予防教育は、学校で年に2回行われる。「声に出して安全を確保しよう」というコンセプトで、児童虐待とはどういうものかを相当突っこんで教えるが、カリキュラムはとてもわかりやすく、楽しく学習できるように考えられている。

たとえば、むずかしい言葉でも回避しないで代わりにジェスチャーを入れるなどして教える。子供たちは自分の伝えたいことを声に出せるよう、正確な言葉と概念を身体で覚えていく。

虐待の4概念、「身体的虐待」、「精神的虐待」、「性的虐待」、「育児放棄」を少しずつ心身に染み込むように覚える他、高学年では自分や誰かのためにもっと声を上げる練習をし、自分の持つ権利と責任を押さえて虐待予防を強化する。具体的には、

安全とは何か
どんなことが虐待なのか
「いじめ」は子供同士の虐待であること
「育児放棄」とはどんなことか
自分の身を自分で守るための5つのルール
虐待への抵抗戦略

このようなことを詳しく学ぶ。
このうち、自分の身を守る5つのルールは、もう幼稚園で教えてもらっている。
傷つけられそうになったら自分を抱きしめて「これは私の身体です！」
安全かどうかわからないときは「大人に尋ねます！」
指を3本立てて「私には3つの選択肢があります！　言葉を使う。逃げる。離れる」
他者に不快なことをされたら「誰かに話します！」
あなたが虐待のただなかにいたら「それは決して私のせいではありません！」

また、小学校では、ネットや携帯端末などの安全性をよく考えさせる。ファシリテーターは、次の4つの重要なことを明確に示す。

決して個人情報をオンラインで共有しない。
インターネットで知り合った人とは直接会わない。
他の人に対して害を及ぼすようなことをしない。
ネット上での嫌がらせや誹謗中傷には、ひとりで悩まず相談する。

中学生、高校生向けの虐待予防教育では、男女、友人同士、先生・生徒、先輩・後輩といったさまざまな人間関係のなかで、どのように自分の身を守るか、虐待を止めるかを学ぶ。

この年頃からは恋愛もするため、ファシリテーターは男女間の健全な関係の築き方も伝えなくてはならない。

それは「愛」なのか、「肉体関係の強要」なのか、「性的虐待」なのか。
子供たちには、性教育とは違った角度で男女関係を考えてもらう。

またこの年代の子供たちに大切なことは、幼い頃に受けた虐待の記憶、特に性的虐待の記憶を閉じこめている場合があるため、それを声に出し、心の治療を勧める呼びかけを行うことである。

チャイルドヘルプが虐待予防教育の中で、子供たち自身に早期のトラウマ治療を促していることは、ホットラインにティーンエイジャーの相談が増えたという、近年の成果によく表れている。

虐待予防教育の責任者であるマイケル・フレッチャー氏はこう言う。

「思春期の子供は、思いつめてしまって自殺を考えることもあります。そういった子供たちを、ホットラインの相談員につなげば、彼らは心理療法の専門家ですから、よい道を示してくれます。

虐待予防教育は、大切な橋渡し役でもあるのです。子供自身がホットラインに相談することに関心を持つことで、自分の心を治療する方法を知ることにもつながります」

抵抗戦略

虐待に抵抗できる戦略を身につける。

これは、この教育カリキュラムの中でもユニークで現実的な応用学習だといえる。大人に助けを求めるだけでなく、小学生のうちから、子供たち自身、虐待を回避する知恵を磨くのである。
5、6人のグループセッションでさまざまな課題を考える。虐待の状況を見きわめ、それへの抵抗戦略を生徒自身が仲間同士で練っていく。

課題①
学校の体育の授業の後、更衣室で着がえをしていると、友人のベンジャミンの腕と足に大きな痣があることに気づきました。
その痣について尋ねると、ベンジャミンは「何でもない」と言って立ち去っていきました。

これはどのような虐待ですか？　誰によって？　どのような抵抗戦略が考えられますか？

課題②

ジョンはコンピューターの達人で、常にオンラインで知らない人と話しています。そこで知り合った男性がオンライン上でジョンに話し続け、「君は他の友人たちとの付き合いをやめるべきだ」と説得しました。

そしてこの男は「ゲームの攻略を支援したいから直接会いたい」と言い、家に来るように誘いました。

これは、虐待行為ですか？　誰によって？　ジョンは何をすべきですか？

これは健全な関係ですか？　それとも不健全な関係ですか？

どのような抵抗戦略が考えられますか？　その答えの理由は何ですか？

課題③

マーサは、友人のパーティーでニックという男性に会いました。

二人はとても気が合い、電話番号とメールアドレスを交換することにしました。数週間は楽しい話をしましたが、ニックは自分のプライベートな部分の写真をメールに貼って送ってくるようになりました。そして、マーサにも同じような写真を送るように頼んできます。

マーサは何をすべきですか？　どんな大人を探すべきですか？

ニックのプライベートな部分の写真が貼られたメールを読んだマーサの気持ちを、考えてみてください。

これは健全な関係ですか？　それとも不健全な関係ですか？

どのような抵抗戦略が考えられますか？

このようなセッションも、高校生になればより理解力があるので、ファシリテーターは社会的な問題も加えて議論する。

児童虐待の背景にある「人種」「国籍」「宗教」などによる差別。そして「犯罪」「紛争」「テロ」「人身売買」「性的搾取」「臓器売買」など、人権を侵害する問題について話し合う。

虐待への抵抗戦略をいろいろな方向から深く考え、何をすべきか考える。このような授業が、のちに生徒たちの視野を広げ、自身の生きる力になっていくであろうことは言うまでもない。

そして、社会の問題にまで目を向けるようになった子供たちが成長して社会に出たとき、彼らは次の世代の子供を見守る確かな「地域の力」となっていく。

人を育てる

それは日本で起きた、少し前の虐待死事件である（2019年千葉10歳小4女児虐待死事件　第1章で言及）。

ある市の教育委員会が、継父の暴力を訴える少女のアンケート回答を、当の父親に渡した。そのことで虐待のリスクが高まると予想されたにもかかわらず、児童相談所は一時保護を解除し、少女を家に帰した。

想像してみてほしい。

暴力を振るう継父の待つ家に戻される少女が、どんなに恐ろしい思いをしたか……。

虐待予防のファシリテーターは、子供たちにこう教える。

「安全な大人を探してみてください」

「大切なことは、あなたの暮らしの中で、誰が安全な大人なのかを知っていることです。なぜなら、それを知っていれば、助けが必要なときに、安全な大人のところに助けを求めることができます」

「安全な大人はあなたを助け、混乱したり怖かったりしたときに、耳を傾けてくれます」

つまり、信頼できる大人がちゃんといるという前提だからこそ、ファシリテーターは「安全な大人を探しなさい」と言えるのだ。

日本でも、勇気をもって声に出した子供に、その信頼に応えて適切な対応のできる大人が増えることが大事だ。それが児童救済をもっともっと可能にする未来社会の土台をつくるだろう。

私たちは、人を育てなくてはいけない。虐待予防に大きな関心を寄せ、何かできることはないかと思っている普通の人々を、自分も含めて子供のために何か力を発揮できる、信頼される安全な大人に、どんどん育てていかなくてはならない。

ファシリテーターになることは、ひとつには子供のため、そして教える自分の意識も変わっていく素晴らしい試みだ。

フォレンジック・インタビューの技術も、これからは地域で暮らす普通の人々に広く知ってもらって、社会が子供を見守ることに活用してほしいと、チャイルドヘルプは願っていた。

私たちがやれること。子供が死なない社会のために、私たちがやれることはたくさんある。

チルドレンズ・アドヴォカシー・センターに常駐するフェニックス市警児童犯罪捜査部の最高幹部、ケイシー・トロンバーグ警部はこう話す。

児童虐待の案件は、子供たちが学校に通っている期間に最も増える。夏休みに入ると減少する。なぜなら虐待予防教育を受けた子供たちは、今では学校の先生や友達、スクールカウンセラーなどに声に出して相談するようになったからである。

警部は、こうも言った。

「友達を心配する子供たちが、その子を思って通報してくれるようになったのです。友達のために声を上げる。その勇気や正義感が、虐待予防教育によって身についてきているのです」

サラやイヴォンヌが言ったように、よりよい未来を創るのは予防教育だ。

それは、何もないところに種を蒔（ま）くような仕事だ。

そしてその種は、今確実に、アメリカのあちらこちらで芽吹いている。

85歳を過ぎたサラとイヴォンヌ、そして彼女たちの意思を継ぐチャイルドヘルプは、今も世界中の子供のために大切なことをたくさん伝えようとしている。

もちろんアメリカはひどい国である。問題だらけだ。

児童虐待は世界でも最悪、救済だって全州で理想が実現できているわけではない。

でも不思議な底力があるのだ。

こんなふうに温かいハグと、ひどい現実に対して懸命に闘っている、赤い血の通った人たちがいる。

アメリカ。世界の中で、「最悪」と「最良」が同居する国。

彼らのふんばりを目にすると泣けてくる。

あの地獄で闘っている子供たち、大人たちを思うと、私たち日本人にもきっとできるはずだと思う。

きっと日本で、子供が死ななくてすむ社会、みんなで子供の幸せを見守る社会は創れるはずだ。

日本人の細やかで、ていねいな仕事。

礼儀正しく、誠実で心優しい国民性。

日本人らしい、日本の未来社会のために、今、チャイルドヘルプから学んで何かしらの種を蒔くことは、現代を生きる私たちの手できっとできるはずだと、私は信じている。

終章

絶対救済、日本への提言

アメリカ最大の民間の児童救済組織チャイルドヘルプの取材で見えてきたのは、「初動」「介入」「治療」「予防」それぞれの現場の素晴らしさだった。そして、そこで働く職員たちの意識の高さ。

しかし、最も私が驚いたのは、児童虐待に対する一般市民の意識の高さだったように思う。児童虐待に対するアメリカ人の意識は、とても高い。

見かけた子供を心配して、街角からでもホットラインにかかってくるし、近隣の子供を心配して地域住民から相談がたくさん寄せられる。

教育者だけではなく、児童に関わる多くの職種で通報義務の意識は高く、また、フォレンジック・インタビューの技法を基本に、子供との話し方や接し方に配慮するという自覚も強い。

時々、強硬手段に出る警察や検察に対して「やり過ぎだ」という批判もあるが、児童虐待は犯罪であるという明確な社会のコンセンサスのもと、犯罪を許さないという意識は非常に高いのである。

その正義感は、一般市民にも深く根づいている。

サラとイヴォンヌは、こう話してくれた。

二人が、アメリカの児童虐待の問題と向き合い始めた頃、アメリカにはそれに対する認識がほとんどなかった。

児童を擁護する法律もなく、裁判所の裁判官ですらそういう意識を持っていなかった。「子供は親の所有物」という考え方が人々には一般的で、親が子供に暴力を振るっても、それは「虐待ではなく躾だ」というような認識が当たり前だった。

そこから始めなければならなかったサラとイヴォンヌにとって、今のアメリカは奇跡であり、神の導きだと、ただただ神に感謝しているという。

私から見れば、それはサラとイヴォンヌをはじめとして、当時、その問題に立ち向かった人たちが、荒れた野を敢然と切り開いたからだと思うのである。


日本は、どうだろう。

法律の観点から言えば、今も戦災孤児や戦後の困窮の中で育つ児童の保護のために施行された児童福祉法（１９４７年〔昭和22〕施行）が基礎になっている。

児童虐待の問題に対応するにはそれでは不備が多いということに、詳しく言及する政治家はあまりいない。児童の不審な死亡事件にも、一時的にメディアが騒ぐだけで、社会全体の意識が根本的に変わることはなかったのではないだろうか。

2000年に児童虐待防止法ができてのち、児童相談所への相談件数は年に20万件に増え、職員数を増やすなどの対応が行われている。児相、警察、そして検察は日々、この問題に真摯に向き合っている。こうした活動を政府も市民ももっと応援すべきだろう。

しかし今や社会の複雑化にともない、日本における児童虐待も複雑化している。家庭問題の領域を超え、誘拐、性的搾取、人身売買、臓器売買などの国際犯罪が、近い将来、この国でも深刻になるかもしれないという危機感を、私たちは社会全体で共有しなければならないのではないだろうか。

児童虐待は多くの犯罪の前兆であり、親子関係だけの問題ではないのだ。

2016年以来、たび重なる取材を通じてチャイルドヘルプと歩んで、私はここに、日本の児童救済に向けて具体的な提言を記しておこうと思う。

これらのヒントは、各章に出てきた人々が、苦しいことも嬉しいことも直接語ってくれたことから得られた。

私は、アメリカにおける児童救済の内情を詳しく取材して、日本に、次のことを望む。

・フォレンジック・インタビューのスキルを会得した専門職による保護直後の迅速な司法面接。
・児童に関わる人々（検察官、警察、福祉士、心理士、公認心理士、臨床心理士、教師など）がさらに広くフォレンジック・インタビューの基本スキルを習得し、児童への話し方、接し方を変えること。
・初動を一手に担うチルドレンズ・アドヴォカシー・センターを都道府県ごとに設置すること。
・センターに警察、検察、児童福祉、医療機関、教育機関が横断的に集まり、連携して活動すること。
・児童相談所は、「相談に乗る」という意識から「子供を擁護する」という強い意志をもって運営されるように変わること。
・児童は、保護直後から心の治療が行われるようにすること。
・一般市民が虐待の可能性に気づいたらすぐに相談でき、通報者の不安や恐れに寄り添うようなホットラインを運営すること。

・ホットラインには電話より気軽なＳＮＳを使った文字での相談部門を設けること。
・トラウマに苦しむ児童に心の治療と学習支援を行う、精神科病棟ではない養護施設の拡充。
・養子縁組と里親制度を拡充し、愛あるすべての人間に「親」となる機会を与える法律の整備。

そして日本の児童福祉に携わるＮＰＯ、ＮＧＯのために、次の2つのことも望む。
・日本にフィットした虐待予防教育の開発と普及。
・多くの一般市民が児童虐待の問題解決に参加し、官民協働で問題に立ち向かう社会奉仕事業への助成拡張。

模擬フォレンジック・インタビューを受けた日。
私を、否、6歳のまさきを正視するジェニファーの瞳がこう語りかけていたことを、私はずっと忘れまい。

闘いなさい。

闘うのです。
私たちも、共に闘いますから。

その思いは、きっと誰の心の中にもあるはずだ。
私たちにも子供と共に闘えることが必ずあると、取材を終えて、私は思うのである。

あとがき

月に一度だけ開かれるサラによる小さな礼拝。そこには、世界中から人が集まる。その光景は、まことに不思議なものだった。

精神を集中させ、閉じていた目を開くとサラは聴衆に言う。

「このなかに、脳の病で苦しんでいる人がいます。それは誰ですか？」と。

すると「それは私です」と、ひとりの手が挙がり、サラはその人に言うのだ。

「今、あなたは神の癒やしを受け取ったはずです。さあ、顔を上げて生きるのです」

その後もサラは集中し、身体と心の痛みに苦しんでいる人々の存在を感じ当て、神の癒やしが与えられたことを伝えていく。まるで「イエスの奇跡」を見ているようだった。

当初、私は少しいぶかしんだ。奇跡などあるはずがない。病気は医学が治すものだ。

尊敬の目で見ていたサラとイヴォンヌに、ちらと疑念すら抱いた。ペテンではないのか？

それに、ハリウッドをバックグラウンドに持つ二人に対しては、これまでの成業を疑わしげに見る人も少なくない。なにしろそこにはいつも人身売買、児童の性的搾取などの事件や暗い噂が絶えないのだから。

ところが、「腰の痛みで悩んでいる人が、ここに4人いますね?」と、問いかけたときだ。3人の手が挙がったが、4人目の手が、どこにも見あたらなかった。

ふと、私は腰に手をやった。若い頃から長年患っている腰痛が消えていた。その朝、教会までの道のりを、腰を丸めてトントンと叩きながら歩いていたのに。

そのことを、あとになってサラに伝えに行くと、彼女は私にウィンクしてほほえんだ。

「最後の一人は、あなただったのね」と。

本当に私は神の癒やしを得たのだろうか? あれは、何だったのだろう?

40代の頃、サラは癌を患い、医師から「身辺整理をしなさい」と言われた。死への準備を意味する言葉だった。

不思議な力が備わったのは、その後のこと。絶望に泣き崩れ、「私は子供たちのためにチャイルドヘルプの歩みを止めるわけにはいかないのです」と、神の前で自らの使命に立ち上がったときだった。全身の癌は消え、サラは私が最後に会ったとき、イヴォンヌと共に、チャイルドヘルプの創立から60年の節目を迎えていた。

サラとイヴォンヌは、自らの人生を「フルサークル」と振り返る。めぐる奇跡の連続であったと。日本で大切なことに気づき、ベトナムを経て、とてつもない困難に幾度も直面しながらも、今、母国アメリカのために尽くすことができているからだ。

思えば、この取材もフルサークルだった。戦後の母の体験から二人のことを知り、チャイルドヘルプを知り、アメリカの児童救済への高い意識を知り、ぐるりと回って彼らから日本の児童福祉のための「学び」を得た。

不思議な力に導かれ、素晴らしい出会いに恵まれ、感染症蔓延の前に現地取材を終えることもできた。

すべてのことに感謝したい。多忙を極めるなかで時間を割いてくれたサラとイヴォンヌ、ダファニー、ジェニファーをはじめとするチャイルドヘルプの職員、そのほか協力してくださった方々全員に深謝申し上げます。そして、著者として未熟な私を支えてくれた集英社学芸編集部の岸尾昌子さんに、心よりお礼を申し上げます。

2021年12月のクリスマスに

参考文献・資料

『Childhelp』 https://www.childhelp.org

『National Children's Alliance』 https://www.nationalchildrensalliance.org

『National Children's Advocacy Center』 https://www.nationalcac.org

『司法面接支援室』 司法面接研究会 https://forensic-interviews.jp

『子どもの司法面接』 英国内務省・英国保健省／編　仲真紀子・田中 周子／訳 誠信書房 ２００７年

『子どもへの司法面接』 仲真紀子／編著 有斐閣 ２０１６年

『厚生労働省ホームページ』 児童虐待防止対策

『Child protective services』 https://en.wikipedia.org/wiki/Child_protective_services

『Childhelp Advocacy Centers』 https://www.childhelp.org/advocacy-centers

『City of Phoenix』 https://www.phoenix.gov/police/investigations/faminvest

『Federal Bureau of Investigation (FBI)』 https://www.fbi.gov

『NCIC Missing Person and Unidentified Person Statistics 2019-2021』
https://www.doenetwork.org/index.php

『平成29年〜令和2年における行方不明者の状況』 警察庁生活安全局生活安全企画課
https://www.npa.go.jp/publications/statistics/safetylife/yukue.html

『Childhelp National Child Abuse Hotline』 https://www.childhelp.org/hotline
『Childhelp National Child Abuse Hotline 2019-2021 Impact Report』
https://www.childhelp.org/national-child-abuse-hotline-impact-reports
『わすれない～富山大空襲 70年目の証言～』 チューリップテレビ
『異見 米国から見た富山大空襲』 チューリップテレビ
『ＫＮＢふるさとスペシャル 沈黙の70年 富山大空襲と孤児たちの戦後』 北日本放送
『米国戦略爆撃調査団文書 日本産業・軍・政治指導者尋問記録』
Records of the U.S. Strategic Bombing Survey, Entry 43: USSBS Transcripts of Interrogations
and Interrogation Reports of Japanese Industrial, Military, and Political Leaders, 1945-1946
『*Silence Broken*』 Yvonne Fedderson & Sara O'Meara　Jodere Group, 2003
『試練への道（厳しいしつけに思う親の恩）』 三秀舎 １９８４年
『黒い肌と白い心（人間の記録）』 澤田美喜著 日本図書センター ２００１年
『母と子の絆 エリザベス・サンダース・ホームの三十年』 澤田美喜著 ＰＨＰ研究所 １９８０年
『ルンビニ園三十周年史』 ルンビニ園三十年史刊行委員会編 社会保険広報社 １９７７年
『慈光無限』 谷口節道尼追悼集編集委員会　社会福祉法人ルンビニ園 １９８７年
『賀川豊彦学会論叢』 第24号 賀川豊彦学会 ２０１６年
『Arizona Department of Child Safety』 https://dcs.az.gov/report-child-abuse
『Childhelp Speak Up Be Safe　prevention education curriculum』
https://www.childhelp.org/speakupbesafe

廣川まさき

Masaki Hirokawa

ノンフィクション作家。1972年5月27日富山県生まれ。岐阜女子大学卒。アラスカ・ユーコン川約1500キロの単独カヌー紀行『ウーマン アローン』で2004年第2回開高健ノンフィクション賞。他に『私の名はナルヴァルック』『今日も牧場にすったもんだの風が吹く』『ビッグショット・オーロラ』

チャイルドヘルプと歩んで

虐待児童を救い続けるアメリカ最大の民間組織に日本が学べること

2022年2月28日　第1刷発行

著者　廣川まさき

発行者　樋口尚也

発行所　株式会社 集英社
〒101-8050 東京都千代田区一ツ橋2-5-10
電話　編集部 03-3230-6137
　　　読者係 03-3230-6080
　　　販売部 03-3230-6393（書店専用）

印刷所　凸版印刷株式会社

製本所　ナショナル製本協同組合

定価はカバーに表示してあります。

 ISBN978-4-08-781685-3 C0095